Mauricia Wang: Meine Leben ist es nicht wert erzählt zu werden - 我的生活，不值得记述. 当代中文的诗歌. Moderne chinesische Lyrik. Ins Deutsche über-tragen von Hans-Günter Wagner 君德•瓦格纳 (译).

© Mauricia Wang (Original), Hans-Günter Wagner (Übers.).

Herstellung und Verlag: BoD- Books on Demand, Norderstedt
ISBN 9783750493018

Deutsch-Chinesische Ausgabe
中德文版

Mauricia Wang

Meine Leben ist es nicht wert erzählt zu werden

我的生活，
不值得记述

当代中文的诗歌
Moderne chinesische Lyrik

Ins Deutsche übertragen von Hans-Günter Wagner
君德•瓦格纳 （译）

Inhaltsverzeichnis　(目录)

IV

Vorbemerkung des Übersetzers (翻译者的前言)

Die Verse und literarischen Miniaturen der Shanghaier Managerin und Lyrikerin Mauricia Wang wurden zwischen 2005 und 2020 verfasst. Begonnen als Reflexionen in einem privaten Blog, entstand im Lauf der Zeit eine umfängliche Sammlung von Versen über das Leben und die Liebe in China. Unterbrochen durch Auslandsaufenthalte verarbeitet die Autorin den stürmischen Wandel der Verhältnisse in ihrer Heimat. Doch mehr als die politischen Veränderungen stehen persönliche Erfahrungen von Liebe und Treue, von Verrat und Enttäuschung, die Auseinandersetzung mit unerfüllten Sehnsüchten, ja auch mit Verzweiflung und Lebensüberdruss im Mittelpunkt.

Wie für viele der heutigen chinesischen Lyriker ist diese Dichtung eine Form der Auseinandersetzung mit dem Kältestrom der herrschenden Verhältnisse. Frei von allen formalen Vorgaben der klassischen chinesischen Verskunst strömen die Worte frei und unvermittelt aufs Papier. In einer Kultur des Indirekten und der Umschreibung, wo die Worte stets nur umkreisen, ohne jemals zu berühren, ist Mauricia Wangs Lyrik von schonungsloser Direktheit, ohne provokant oder obszön zu sein.

Anders als in der in China heute so populären *Untergrundliteratur*, etwa einer Mian Mian oder Wei Hui, geht es nicht um den Exzess, sondern das Alltagsleben, das in seiner ganzen Erfahrungstiefe ausgeleuchtet wird. Typisch für diese Verse sind neben einer dezenten femininen Perspektive auch die Elemente der *Sehnsuchtsliteratur*, etwa als Kritik an den materialistischen Verhältnissen und der Dominanz der globalisierten Lebensumwelt.

In einer immer noch von der Partei-Ideologie und den Staatsmedien kontrollierten Gesellschaft erlebt die chinesische Lyrik heute eine Renaissance. Anders als die Prosaliteratur, die leicht

1

unter staatliche Zensur gerät, gewährt die Poesie einen gewissen Schutzraum vor den Anforderungen und dem Drang öffentlicher Konformität. Daher rührt auch ihre heutige Popularität, insbesondere innerhalb der jüngeren Generation.

你的目光，佛的目光

你的目光，
佛的目光，
你在莲花座的左边
我在莲花座的右边

给我一个拥抱，
让我感受你的温暖，
给我一个长长的吻，
让我感受你的深情
给我一次温柔的缠绵，
让我感受你爱的深沉

不行？那
就给我一个字吧！
一个不用兑现的承诺，
一个温柔的谎言。
让我的欢颜，
盛开到黄昏。

你的目光，佛的目光
你在莲花座的左边
我在莲花座的右边

Deine Welt und die Welt des Buddha

Dein Blick
und der Blick des Buddha
Du sitzt links der Lotusblüte,
ich sitze rechts der Lotusblüte

Umarme mich,
lass mich die Wärme deines Körpers spüren,
küss mich lang und innig
Lass mich deine Zuneigung spüren
Zart und sanft die Verstrickung,
lass mich deine Tiefgründigkeit erfühlen

Das geht nicht? – Dann
schreibe für mich ein Zeichen aufs Papier, einfach so
Ein Versprechen, das nicht eingelöst wird,
eine warmherzige Lüge
Lass mich Farben sehen bis die dunkle Nacht anbricht
Dann lass uns Abschied nehmen von dieser Welt,
gemeinsam Hand in Hand

Dein Blick und der Blick des Buddha
Du sitzt links der Lotusblüte,
ich sitze rechts der Lotusblüte

爱你

天哪，我从来没有想到，
上帝会把你给我
你的爱，你的身体，你的深情
我不会
再在黄昏的风中惆怅，
没人比我更幸福
只有我，拥有你的爱！
我不会
再自卑的不敢抬头，
没人比我更出色，
拥有你的爱，我就赢得了世界！
你是一切美好的总和，
你双手带着光芒
我忍不住哭泣
因为爱你
你是这世上一切善的起点，
金子一样的心灵，
藏在你俊美的脸庞下面，
不知道是爱还是崇拜，
你的光辉令我目盲！
我想抱着你，依偎着你，
躺在你身边，吻你，
注视着你，
将世界永远遗忘。
我们之间
没有距离，
我们会有一个黑孩子，
象我又象你。

Ich liebe dich

Oh, niemals hätte ich gedacht
dass mich der Himmelsherrscher
    auf solchen Wegen zu dir führt
Deine Liebe, dein Körper, dein inniges Fühlen
Mich überkommt keinerlei Schwermut mehr,
wenn der Wind durch die Abenddämmerung streicht
Wer auf der Welt könnte glücklicher sein als ich?
Denn nur ich bin mir deiner Liebe gewiss
Niemals mehr werde ich
aus Mangel an Selbstachtung
    mein Haupt nicht zu erheben wagen
Die anderen sind nicht einzigartiger als ich es bin
Seit ich deine Liebe gewann, liegt mir die Welt zu Füßen
Alles Schöne, was es gibt, ruht in dir – Ich weiß darum
Leuchtender Glanz sprüht aus den Spitzen deiner Finger
Heulen und Schluchzen kann ich nicht unterdrücken,
    eben weil ich dich liebe
In dieser Welt bist du der Beginn des Guten
Deine Seele
leuchtet wie Gold aus deinem Antlitz
Soll ich dich lieben oder verehren – Ich weiß es nicht
Deine strahlende Erscheinung macht mich blind
Ich will dich umarmen, dich nähren,
neben dir liegen und dich küssen
Meine Augen wollen dich betrachten,
und dabei alles vergessen,
    was um mich herum geschieht
Zwischen uns beiden
gibt es nichts, was uns trennt
Wir könnten ein unerlaubtes Kind haben,
ein Kind dir völlig gleich und auch gleich mir

爱情

亲爱的，
我无法掩饰对你的爱！
我希望看到你，
你的眼睛，你的手，
你雪白的牙齿，
你象王子从天而降，
用云朵和玫瑰将我包围

亲爱的，
我对你的爱无法停止！
我不管江河是否会干涸，花朵是否会枯萎，
中国的华北平原多么缺水，亚马逊的森林正在消失，
我只想看到你，拥抱着你，依偎着你，
在阳光下行走，在月光里做爱。
我的世界里空无一物，
除了你。

Liebe

Geliebter!
Ich kann meine Liebe zu dir nicht länger verbergen
Ich sehne mich nach deinem Anblick
deinen Augen und deinen Händen,
deinen schneeweißen Zähnen
Du bist wie ein Königssohn, der vom Himmel fiel,
der mich mit Wolken voller Blumen und Rosen umkränzt

Geliebter!
Meine Liebe zu dir wird niemals enden
Mich kümmert nicht das ganze Flüsse versiegen können
und Blumen schließlich welken,
Chinas Norden an Dürre leidet
und am Amazonas die Regenwälder sterben
Alle meine Gedanken sind nur bei dir
Dich allein will ich umarmen,
dich allein will ich nähren
Wir wandelten unter heller Sonne
und im Schein des Mondes glühen unsere Körper
In meiner Welt gibt es nichts außer dir

漂泊

已经习惯在你的双手中盛开。
你的注视让我骄傲而柔软，
象晨光中的百合，
清新的让人不能拒绝。

现在，我却要打开舱门，
开启另一段人生。
开启另一段，
　飞蛾的宿命。

Schweben

Ich habe mich daran gewöhnt,
    zwischen deinen Händen zu erblühen
Es ist dein so aufmerksamer Blick, der Stolz in mir weckt und
    mich ganz weich werden lässt
Gleich den Strahlen der Sonne früh am morgen –
Solcher Klarheit kann sich niemand verweigern

Ich habe die Kabinentür bereits aufgestoßen
Ein neues Leben begann
Eine Motte
flattert ihrer Bestimmung entgegen

谎言

谎言犹如衣服，
脱掉之后显现的真相，
不见得更可贵和美丽

Falsche Worte

Die Unwahrheiten der Menschen sind wie Kleidungsstücke
Nach dem Abstreifen
    kommen die wirklichen Dinge zum Vorschein
Vom Schönen und Kostbaren ist nichts mehr zu sehen

烦躁

血与火，
玫瑰与钢铁，
亲吻与匕首，
亲爱的，
这个世界复杂的令人烦躁
你的眼神，
他的手，
她纤细的裸体，
亲爱的，
每个人都在呐喊！

我看着你，
你想着她，
她爱着他，
亲爱的，
这个世界的联系让人疯狂！

一小时前我构思着报复的诡计，
三小时前我决定为道德和善良捐献自己，
六小时前我憧憬着永驻青春容颜不老，
亲爱的，
我现在想死亡多么甜蜜
我凝视着你，
看到了别人的脸，
你亲吻的，
是谁的嘴唇？

Bedrückung und Leid

Feuer und Blut
Rosen und Stahl
Küsse und Dolche
Geliebter!
Verstrickt ist diese Welt in Bedrückung und Leid
Der Glanz in deinen Augen
Seine Hände
Ihr filigraner nackter Körper
Geliebter!
Wer auf dieser Welt kann leben ohne Schrei und Klage!

Ich sehe in deine Augen
Du denkst an sie
Sie liebt ihn
Geliebter!
Die Verstrickung treibt uns in den Wahnsinn

Vor einer Stunde dachte ich, Rache zu üben
        für die Niedertracht, die mir widerfuhr
Vor drei Stunden dachte ich: auf welche Weise
        mich selbst vorbehaltlos dem Guten hingeben?
Vor sechs Stunden verstand ich,
        was ewige Jugend und Schönheit bedeutet
Geliebter!
Mir ist als ertränke ich in überreichlich fließendem Nektar
Voller Zweifel schaue ich dich an
Was ich sehe, ist das Gesicht eines anderen
Geliebter, du küsst mich
Wessen Lippen sind es?

15

给你一点时间，让你背叛我

给你一点时间，让你背叛我
你尽情畅想吧！你尽情放飞吧！
在没有我声息的境界。

我不请求你的留守，
在没有爱的时候。
我所有对上天的乞求，
是彻底的断裂，
然后象云一样，
简简单单的远走 。

Ich gebe dir Zeit, dich gegen mich zu sammeln

Ich gebe dir Zeit, dich gegen mich zu sammeln
Sinne einmal völlig ungezwungen über unsere Liebe nach
und lass los mit all deiner Kraft
bis du dort bist, wo du von mir nichts mehr hörst

Ich werde dich nicht bitten zu verweilen
Wenn du keine Liebe mehr spürst,
brauchst du nicht zu bleiben
Alles, was ich vom Himmel erflehe,
ist nichts als ein Ende, ein wirklicher Schlusspunkt
Und dann wie die Wolken am Himmel –
    einfach fortziehen, weit fortziehen

美丽的女孩

在清晨的金光中醒来，
睡眼惺忪中喝杯水，
观察盆栽和露珠，
露珠坠落之前写几行字，
或者，咕哝几句，
把整个上午交给肥皂剧和言情小说。

午餐，
下午跳操，
或者血拼、剁手(购物)，美容，
抱怨中命令他早点回来！

一定会在门口迎接他，
用崇拜的眼神迎接他，
他带回来的钱，工作，皮包，皮鞋上的灰尘，
缠着他去看电影，看戏，购物，或者跳舞，
含着眼泪写日记，
"这个世界好无奈……"
他说："你真可爱"

Meine kleine Tochter

Beim warmen Licht der Morgensonne,
 erwachtest du
Mit noch schlaftrunkenen Augen
 trinkst du aus deinem Becher
Lange verweilt dein Blick
 auf den Tauperlen und den grünen Pflanzen
Ich schreibe einen Vers,
 während der Tau langsam zerrinnt
Vielleicht murmelte ich auch nur ein paar Sätze vor mich hin
Den ganzen Vormittag nur Seifenopern gesehen
 und in Schnulzenromanen gelesen

Am Mittag ein wenig gegessen,
nachmittags wie eine Verrückte im Internet bestellt
 und dann Make-up aufgetragen
Nörgelnd darum gebeten, dass er früher nach Hause kommt

Ich sollte zur Tür gehen, wenn er aufschließt,
mt anheimelndem Blick ihm seine Tasche abnehmen,
den Staub von seinen Schuhen wischen
 und nach den Tageseinnahmen fragen,
ihn überreden ins Kino zu gehen oder ins Theater,
 ein paar Dinge kaufen oder zu tanzen
Unter Tränen,
 ein paar Sätze ins Tagebuch gekritzelt
„Ich denke, dass diese Welt nicht zu ertragen ist"
„Du bist wirklich süß!", rief er

爱情

玫瑰，栀子花，茉莉，
熏衣草，风信子，
芦苇，紫薇，
所有的加起来，
甜蜜不如你目光，
芬芳不如你嘴唇，
'I love you!'
你说。

Zärtlichkeit

Rose, Gardenie und Jasmin
Weihrauch und Hyazinthen
Blaue Glyzinie und schlankes Schilfrohr
Alle Schönheit zusammen,
ist nichts gegen den Glanz deiner Augen
Und deiner Lippen,
Wenn du sagst:
„I love you!"

你的目光

走向远方，带着你的目光
匆忙奔向爱情和梦想，
美丽的脸，
深情的眼，
在行走中疲惫，
在疲惫里忧伤，
在忧伤里欢畅。

颓废的美艳，矜持的沉沦，
蝴蝶的翅膀，迷离的欲望，
水晶的肉体，
发着光。

有人恨我，因为有人爱我，
有人为我哭泣，有人为我歌唱，
我年轻的身体
撩拨着欲望，
给他一个青春复活的梦想。

千里之外，
你看着我，
我，
泪如雨倾。

Deine Augen

Wie weit fort ich auch gehe
    den Glanz deiner Augen trage ich in mir
voller Hast auf dem Weg zur Liebe und den Träumen
Dein schönes Antlitz,
dein warmer Blick
begleiten mich auf erschöpftem Pfade
In der Müdigkeit spüre ich den Schmerz
Aus diesem Schmerz entspringt Freude

Die Schönheit verblassender Farben
    und die Verirrungen der Begierden
Die Flügelschläge von Schmetterlingen
    und die geheimen, fernen Wünsche
Der Leib eines Bergkristalls
sendet helles Licht aus

Da sind Menschen, die mich hassen,
    weil es Menschen gibt, die mich lieben
Manche weinen um mich, andere singen Lieder für mich
Mein junger Körper reizt die Begierden
Den Traum der Jugend spendet er ihm
    für ein ganzes Leben

Aus einer Entfernung von mehr alsTausend Li
blickst du mich an
Und mir
strömen helle Tränenbäche über meine Wangen

疲惫

黑夜变得深沉而复杂，
绚丽的火焰已经熄灭，
呻吟是销魂记忆的回响，
玫瑰盛开，蝴蝶来去，
交错，躲闪的目光。
含糊的语声，谁听？
长夜漫漫，
谁在打点行装？

Müdigkeit

Die Nacht wird tiefer, die Verstrickung wächst
Erloschen, der schöne, Funken sprühende Flammenschein
Nur noch langes leises Stöhnen
    gleich einem Echo verzauberter Erinnerung
Die Rose erblüht,
    Schmetterlinge fliegen hin und her
Eine Verbindung wohl, doch ein ausweichender Blick
Eine vage und leise Stimme – Wer vernimmt sie?
Diese Nacht zieht sich hin
Wer packt da seine Sachen?

真相

阴谋，怨毒，报复，发狂。
简单的决裂。
高贵的放弃。
眼泪，心碎，忏悔，苟且。
明亮的宽恕。
温柔的微笑？
哪一个，
是世界的真相？

Die Wahrheit

Manie und Intrigen, Rache und Groll
Das schlichte Ende einer Beziehung
Ein ganz nobles Loslassen
Herzzerreißende Tränen, Reue und einfach nicht mehr wollen
Ein klares Verzeihen
Und dann noch ein warmes Lächeln?
Wo ist
Wahrheit in dieser Welt?

期待与放弃

周围的一切突然安静下来，
我也停下来，
不想再打点行装。
我们的儿子，
已经诞生，
用蓝色的眼睛，
仰望蓝色的天空。

你说，
期待者总会期待，
放弃者永远放弃。

Warten und Aufgeben

Alles in der Umgebung wurde plötzlich sehr still
Da hielt auch ich inne,
aber dachte nicht noch einmal daran, meine Sachen zu packen
Unser Sohn
ist bereits geboren
Mit seinen blauen Augen
blickt er in die blaue Ferne

Du sprachst es aus:
Wer wartet, muss für immer warten,
wer verzichtet, muss es für alle Zeiten tun

巴黎、伦敦、和纽约

在巴黎，我拥有爱情和梦想，
在伦敦，我拥有梦想和迷茫，
在纽约，我有迷茫和坚持，
在上海，我只有孤独。

Paris, London, New York

Als ich in Paris lebte, hegte ich wilde Liebesträume
Ich kam nach London voller Träume und Benommenheit
In New York reiften in mir gleichzeitig
        Verwirrung und Entschlossenheit
Aber in Shanghai bin ich nichts als einsam

特殊时期

不能这样，也不能那样，
不能死，也不能生，
不要发火，也不要冷漠，
不要再相信爱情。

谁也不比谁更舒服，
谁也不是真的离不开谁，
不能输。

就是过日子，
就是数日子，
将日子继续下去，
继续下去，
就是胜利。

Eine besondere Zeit

So geht es nicht, doch anders auch nicht
Nicht sterben können und nicht leben wollen
Nur keine Wutausbrüche, aber auch keine Gefühlskälte zeigen
Bloß nicht noch einmal an die Liebe glauben

Wer könnte sich noch wohler fühler,
wer könnte wen nicht wirklich verlassen,
ohne einen echten Verlust zu spüren

Aber das sind verflossene Tage
Viele solcher Tage
Künftige Tage
werden kommen und gehen
Darin liegt Zuversicht

光芒

经过千山万水之后，
我终于愿意，
再次相信你，
相信你的爱

我愿意留在你身边，
能多久就多久。
哪天你想离开，
说声再见，
我们就微笑着告别。

Deine Aura

Hundert Berge überwand ich, tausend Flüsse durchquerte ich,
am Ende gab ich schließlich nach
Einmal noch will ich dir vertrauen
und deinen Worten glauben, dass du mich liebst

Gewillt bin ich, an deiner Seite zu verweilen
Und wenn es für lange Zeit ist, dann soll es für lange Zeit sein
Doch wenn jener Tag kommt,
an dem du mich verlässt und Lebewohl sagst,
werden wir mit einem leichten Lächeln
voneinander Abschied nehmen

恩典

眼睛终于又看见了，
世上又有了光，
花朵又有了香味，
你的恩典，
终于
降临。

心又开始相信了，
恢复柔软，
也不惧怕伤害，
生命再一次，
有了意义。

跌落悬崖，
我庆幸，
没有粉碎在地上，
而是学会了，
飞翔

Das Gute

Am Ende sah ich:
Es gibt Licht auf dieser Welt
und Blumen, die duften
Deine Vorzüge
traten schließlich
alle zutage

Mein Herz fasste neues Vertrauen
das Weiche und das Zarte kehrten zurück
Keine Angst mehr, verletzt zu werden
Das Leben
hatte wieder einen Sinn

Ich stürzte von einer steilen Felsklippe herab
und hatte großes Glück,
schlug auf der harten Erde auf und blieb unverletzt
So lernte ich am Ende
das Fliegen

伤害与安慰

不要作徒劳的努力，
我无法安慰。
因为，
连我自己都不知道，
伤口在哪里，
是谁伤害了我，
是什么伤害了我。

Verletzung und Trost

Erspar dir vergebliche Mühen
Nichts kann mich trösten
Warum?
Weil ich selbst auch nicht weiß,
wo meine Wunde schmerzt,
wer mich so tief verletzte
und was es eigentlich war

你是不是和我老公在一起？

你是不是和我老公在一起？
十年前初次被问到，
莫名其妙！

你是不是和我老公在一起？
两年前自己问到，
无限煎熬！

你是不是和我老公在一起？
现在听到，
会心一笑！

Warst du mit meinem Mann zusammen?

Warst du mit meinem Mann zusammen?
Vor zehn Jahren trug man es mir das erste Mal zu
Wie seltsam – ich glaubte es nicht

Warst du mit meinem Mann zusammen?
Vor zwei Jahren zog ich Erkundigungen ein –
heiße, grenzenlose Wut

Warst du mit meinem Mann zusammen?
Heute, wo ich es weiß,
im Innern ein Lächeln nur

枯萎还是飞翔

亲爱的，
我不要你为了我，
放弃你的爱情。
如果你爱的不是我，
就勇敢的离开吧。

亲爱的，
你已经听不到、看不到，感觉不到我，
我对你不再是一个女人。。
我不愿意，
你和我亲吻、拥抱、做爱

亲爱的，
我不要你咬牙的放弃，
为了孩子，
继续我们的婚姻。

我不愿意，
你成为那一艘船，
困在沙滩上，
心里永远向往着海洋。

你不必祭献枯萎，
我宁愿你活着，
生机勃勃，
在黑暗的夜里，和另一个人，
一起飞翔！

Verfallen oder Aufsteigen

Geliebter,
du sollst nicht wegen mir
auf deine Liebe verzichten
Wenn deine Liebe nicht mehr gilt,
habe den Mut, mich zu verlassen

Geliebter,
du hörst mich nicht mehr, siehst mich nicht mehr,
spürst meine Nähe nicht mehr
Du nimmst mich nicht mehr als ein weibliches Wesen wahr
Und ich bin nicht mehr gewillt,
dich zu küssen, dich zum umarmen, mit dir Liebe zu machen

Ich will nicht,
dass du allein wegen unseres Kindes
und mit zusammengebissenen Zähnen auf alles verzichtend
unsere Ehe fortsetzt

Ich will nicht,
dass du dich in ein ruhendes Boot verwandelst,
vertäut an einem sandigen Ufer
und sich im Herzen ewig nach dem Meer sehnend

Opfere nicht deine vergängliche Blüte
Ich will lieber, dass du lebst,
voller Kraft und Stärke
Erhebe dich mit der anderen
zur höchsten Sphäre der Welt

悲情底特律

路灯昏昏的站着，
房屋贴着封条，
烧毁了屋顶的豪宅，
缓慢行走的黑人，
大风的手指，
寒冷的天气，
令人心碎的城市！

你曾是梦想的起点和终点，
梦想的梦想！
你的车轮，让全世界快起来，
有道路的地方，
就有你的荣光！

通用大厦灯光不再展示帝王的尊严，
尽管天花板依旧金碧辉煌，
尽管那辆1951年的凯迪拉克
依旧享受尊崇的目光。

什么成就了你的张扬，
什么消逝了你的荣光。
大风里传扬的你的名字，
正变成一个遥远的传说。
你会变成巴比伦吗？
一任沙尘将你淹没？

In Detroit voller Schwermut

Erloschen stehen die Laternen in den Straßen,
alle Türen verrammelt und verschlossen,
zerfallen die Villen der Reichen
Langsam und gemächlich
      geht ein Schwarzer durch die Straßen
Die großen Stürme sind Wegweiser
Kalt und trüb die Tage
So viel Schwermut verströmt diese Stadt

Einst warst du zugleich Beginn und Ende aller Träume
Träume über Träume
Deine Räder ließen einst die Welt sich schneller drehen
Überall, wo es Straßen gibt,
dort leuchtete dein Ruhm!

Heute verstrahlen die Lichter des General Motors Building
keine imperiale Monarchenwürde würde
Obwohl die Zimmerdecken wie früher
      noch immer wie Goldjade glänzen
Und auch der Glanz des Cadillacs von 1951
      so hell wie damals funkelt

Die Stätten deiner großen Errungenschaften
künden heute allein von verblichenem Ruhm
Früher wehte der Wind deinen großen Namen überall hin
Aber in unseren Tagen blieb nichts als eine Legende
Wird es dir wie einst Babylon ergehen –
versunken in Staub und Asche?

走在荒芜的街道，
我，一个失去了爱的女人，
看到你心碎的微笑，
底特律，让我们拥抱。
一起喝点酒吧！
碰碰杯，
不谈我们相似的疼痛。

Einsam, beim Wandern durch leere und verlassene Straßen,
erblicke ich die Schatten eines längst preisgegebenen Lächelns
Ich, eine Frau, die den Glauben an die Liebe verloren hat
Detroit, lass mich in deinen Armen versinken,
im Kerzenschein mit dir ein Glas letzten Wein trinken
und miteinander anstoßen
Doch kein Wort über unseren Schmerz, der der so furchtbar
ähnlich ist

放手

和那个人说再见
不要再猜度他的感情
同意了原谅
就不要再去捉摸
谁对谁错

他到底爱谁已不重要
他到底最在乎谁
和你无关
不再爱他
就还给你自己自由

要么向前
要么退后
不要站在伤口上
一边疼痛
一边左顾右盼

Lass los

Dieser Mann hat Lebwohl gesagt
Unnötig, noch über seine Gefühle zu sinnen
Du warst gewillt zu verzeihen
Hör endlich auf, deine Verletzungen zu erforschen
und wer wem was antat

Für wen er heute was empfindet, ist nicht wichtig
Um wen sein Fühlen kreist –
ist für dich ohne Belang
Es hat nichts mir dir zu tun,
so gewähre dir selbst deine Freiheit

Ob du nach vorne schaust
oder zurück,
verweile nicht bei deinen Wunden,
schwankend zwischen Schmerz und
hoffnungsvollen Blicken nach allen Seiten

灰色的外衣

你披着灰色的外衣，
你们披着灰色的外衣，
享受着秘密的欢愉，
偷窃的乐趣。

如果你回回头，
就不会那么自信，
因为所有人，
都看到了那件外衣，
和外衣下的故事。

Der graue Umhang

Dein grauer Umhang,
dieser graue Stoff auf euren Leibern
Kleine geheime Freuden,
verstohlenes Glück, still genossen

Doch schaue einmal zurück
und dein Selbstvertrauen wird schnell schwinden
Weil nämlich alle Leute
auf dieses Stück Kleidung blicken
und sie die Geschichte darunter kennen

悲伤

屋顶，白雪茫茫，
密集的灯光，幻像，
全城都响彻着凄惨的笛声，
那么悲伤！

无关情爱，无关金钱，
不是迷茫，
纯粹的长长绵绵的悲伤，
我的悲伤！

无法传达，无法安慰，
我赤足在黑暗里魅游，
披着一件薄薄的衣裳，
我的悲伤。

Traurige Tage

Soweit das Auge blickt, die Dächer weiß von Schnee
Die vielen Lichter sind nichts als Trugbilder
Überall vibriert die Stadt vom Spiel unzähliger Flöten
Und das ist mein Schmerz

Es hat nichts mit Liebe zu tun und auch nichts mit Geld
Keine Verneblung und keine Verwirrung
Reine und anhaltende Traurigkeit
Das ist mein Schmerz

Man kann ihn nicht weitergeben und es gibt keinen Trost
Ich irre einfach barfuß durch die schwarze Nacht
Mit nichts als einem dünnen Hemd auf dem Leib
Meine Traurigkeit

眼泪

这是我的眼睛吗，
还是河流？
为什么有这么多的水，
不断的，不断的，
安静的，安静的，
缓慢的，缓慢的，
流淌？

Tränen

Sind das meine Augen
oder fließende Bächlein?
Warum nur so viel Flüssigkeit!
Unablässig, ohne zu ruhen,
leise und still,
langsam und beständig
Ist das ein endloser Strom?

活该

嘲笑我吧！
我知道
我就是拉磨的驴，
每天闭着眼睛转圈，
自以为从事着伟大的事业！

蔑视我吧！
我知道
我是含羞草，
一点小小的响动，
我就会蜷缩起来，惊悸的飘摇！

鄙夷我吧！
我懦弱的心灵充满肮脏邪恶的念头，
差一只毒苹果，
我就变成那个邪恶嫉妒的女巫！

抛弃我吧！
我从未给过你快乐、轻松、满足。
大多数时间，
我都象脱水的橘子，
阴郁沉重的让人抓狂！

Das hast du davon!

Lache und spotte nur über mich!
Ich weiß es:
Ich bin der Esel, der das Mühlrad dreht,
jeden Tag mit verbundenen Augen im Kreise zieht
und dabei im Glauben, großartige Dinge zu vollbringen!

Schau bloß auf mich herab!
Ich weiß es:
Ich bin eine Mimose,
nur die kleinste Bewegung, der leiseste Ton,
und schon krümme ich mich zusammen voller Angst

Verachte mich nur!
Meine Seele ist schwach und unrein
          und mein Kopf voll schräger Gedanken
Es fehlt nur der vergiftete Apfel,
dann bin ich die vor böser Eifersucht wütende Hexe

Verlass mich!
Niemals hast du durch mich süße Freuden erfahren,
          ich ließ dich unbefriedigt und ungestillt
Die meiste Zeit mit dir war ich
gleich einer vertrockneten Mandarine
und gefangen in der trüben Schwere verworrener Melancholie

狂乱

"我们走的太快，
把灵魂落在了后面。"

这不过是
精英拿腔拿调的自谦，
成功者的无病呻吟，
失败者的咒语，
完美主义者的谎言。

Wahnsinn

„Wir sind zu schnell gegangen,
unsere Seelen blieben am Wegrand zurück."

Das sind doch bloß:
schöne und doch abgegriffene Worte
   mit dem Klang der Bescheidenheit,
das Seufzen eines gesunden, erfolgreichen Menschen,
(und zugleich) das ewige Mantra eines Verlierers,
die Lebenslüge aller Perfektionisten

蓝莲花

许巍的蓝莲花，
玄奘的西天，
凯撒的战马！
奔腾吧，跳跃吧，
不惧怕长路的孤独，
漫天的风沙。

梦想，
是光辉的太阳，
还是，
遮蔽眼睛的树叶？
是吗？
埃及没有金字塔，
西天没有菩萨？

让万剑穿透我心，
让烈火烧尽我发肤，
焚毁在这失望地狱！
也不要你的拯救，你的指引，
你这
鬼魅的蓝莲花。

Blauer Lotus

Xu Weis Lied vom Blauen Lotus
Geheimnisvoller Westlicher Himmel,
Siegespferd des Cäsaren,
stürme nach vorn und erhebe dich in die Lüfte
Wir fürchten nicht die Einsamkeit auf fernen Pfaden
und endlose Tage voller Wind und Staub

Traum,
du bist die Sonne am Winterhimmel
Oder bist du etwa nur
ein Blatt vor meinen Augen?
Ist das alles eine Täuschung?
Im alten Ägypten gab es gar keine Pyramiden,
kein Bodhisattva weilt im Westlichen Himmel

Sollen tausend Schwerter mein Herz durchbohren,
sollen meine Haare und Haut Feuer fangen
Möge ich in der Hölle der Hoffnungslosigkeit verbrennen
Ich brauche deine Rettung nicht und deine Wegweisung,
Du, dieser Dämon,
blauer Lotus der Illusionen

最后的破碎

哈哈！
今天是清偿的时刻！
壮士断腕，重生，
大难之后，从容！
终于，我可以说！可以大声地说！

滚开!
怀疑!猜忌!嫉妒!狂乱!恶心!怨毒!恐惧!
你们这些，
长久的折磨着我的蛆虫，
蛀蚀着我的身体和灵魂，
啃啮我血泪斑斑,体无完肤!
我没有做错什么，
不该得到这些!

让那些所有的坏消息都来吧!
把梦想在我面前撕碎，
欣赏我心脏疼痛的痉挛!
放纵你的残酷吧,肆意你的暴虐!
不就是
拿走我的快乐吗?
让我痛苦和流泪吗?
我会哭的，
但是我不跪着！

Das endgültige Zerbrechen

Heute ist die Zeit, wo ich alles probiere
und ich lache dabei!
Ein wahrer Held kämpft unbeugsam und kehrt wieder
Nach überwundener Gefahr ist er ruhig und gelassen
Am Ende will auch ich sprechen, laut und vernehmlich

Haut ab!
Zweifel, Argwohn, Neid, Wahnsinn, Widerwillen,
        Hass und Furcht
Ihr lästigen Fliegenmaden
So lange quältet ihr mich
Ewige Zeiten habt ihr an meinem Körper
und meiner Seele gezehrt und mich verletzt,
        bis Blut und Tränen strömten
        und Spuren auf meiner Haut hinterließen
Ich habe nichts Schlechtes getan
So etwas habe ich nicht verdient!

Sollen all die schlechten Nachrichten nur kommen
Vor meinem Auge zerfetzte ich alle Träume
Und genieße die schmerzenden Krämpfe
        meines zuckenden Herzens!
Lass all deine Grausamkeit heraus, deine ungezügelte Gewalt!
Soll so nicht
alle Freude von mir genommen werden,
bis am Ende nichts außer Schmerz und Tränen bleibt?
Ja, ich muss heulen und schluchzen,
doch ich knie nicht nieder vor dir

让那些该来的都来吧!
甜笑包裹着的黑暗欲望，假装的善良，
诚实眼神里隐藏着的匕首，做做的天真，
隐秘的联盟，
贪婪的誓言，
毒蛇幻化的牡丹，
你尽情璀璨!

让那些要走的都走吧!
不管它曾经带给我多少欢乐,多少骄傲!
昨天的太阳再热烈，
我也不能靠它取暖!

让那些会破碎的都破碎吧!
既然不是
童话故事里的女主角，
我就不稀罕那座虚幻的城堡!

神不可靠,
佛不可靠,
他不可靠,
他们不可靠,
她们不可靠,
直觉不可靠,
理想不可靠,
一切都不可靠!
嗨！那我就不依靠!

脚踩着大地,
我心里涌动着爱意,
至少有一样你无法剥夺,
我的爱和我的骄傲!

So lass geschehen, was zu geschehen hat
Im süßen Lächeln schlummert dunkle Begierde
und auch gespielte Gutherzigkeit
Im aufrichtigen Blick liegt das Messer versteckt,
dieses eitle Spiel mit der Unschuld
Diese dunklen Verbindungen,
diese eingeschworene Habgier
Giftschlangen, die sich in Päonien verwandeln
Dein letztes schwaches Aufleuchten

Lass alles fortziehen, was fortziehen will,
egal wie viel Freude es mir gab
und wie sehr es meinen Stolz nährte
Das Sonnenlicht von gestern
spendet heute keine Wärme mehr

Lass mich das Zerbrochene völlig vernichten
Da ich nicht die Hauptrolle
in der Geschichte einer Königstochter spiele,
suche ich nicht nach seltenen Schlössern in nebliger Ferne

Ich glaube nicht an die Macht der Geister,
nicht an den Buddha,
nicht an Andere
Ich verlasse mich nicht auf Männer
Ich verlasse mich nicht auf Frauen
Ich traue Gefühlen nicht
Ich traue Idealen nicht
Ich verlasse mich auf nichts
Ja, es ist nichts von alledem, auf das ich mich stütze

Ich setze meine Füße auf die weite Erde
Aus meinem Herzen strömt der Geist der Liebe
Es gibt etwas, was du mir nicht entreißen kannst:
meine Liebe und meinen Stolz

放手

愤怒委屈期望希望后悔埋怨恩情悲情，
统统消失，
来去自由，
和平相处。

Loslassen

Hass und Erbitterung
unsere Erwartungen und Hoffnungen
späte Reue und tief vergrabene Wut
alle Gunst, die wir einst einander erwiesen
und auch all das Leid
das wir uns zufügten
Verschwanden allesamt und miteinander
Kommen und Gehen nun, wie es beliebt
Jetzt leben wir miteinander in Eintracht

逝

不觉得痛，
眼泪一滴也没有，
正常的吃饭睡觉，
悲伤耗尽了它的能量。

站在你身边，
内心不再充满骄傲，
我想藏起来，
觉得羞愧和丢脸，
象是小偷的伙伴。

Vorbei

Ich empfinde keinen Schmerz
Keine einzige Träne rinnt mehr aus meinen Augen
Essen und Schlafen wie an allen anderen Tagen auch
Kummer und Sorge haben sich erschöpft

Wenn ich neben dir stehe,
spüre ich keinen Stolz mehr in meinem Herzen
Ich möchte mich am liebsten verstecken,
ich schäme mich als hätte ich mein Gesicht verloren,
gleich dem Gefährten eines Diebes

问题

桃花什么时候开？
今天，明天，后天
是一样的桃花？

你，我，他，
那个流泪的人，
为什么？

Eine Frage

Wann blühen die Pfirsichbäume?
Heute, gestern, morgen
Sind es die gleichen Blüten?

Ich, du , er
Dort weint jemand –
Weißt du warum?

为什么遗忘将我遗忘？

"你的心很野，他很老实。"
"你要考虑好，他现在一无所有。未来也不见得怎样！"
"你看人的眼光真不怎么样！他就是那样了！"

是的，我记得
那些不同语言表达的相同意思。
可是我喜欢
你出差回来推门的样子，
你眼睛里时刻洋溢的自信，
你永远淡定的执著，
你永远温暖的笑容，
你永远宽容的话语，
你永远甜蜜的怀抱。

是的，
我记得你的每一个转变，
淡定的执著变成淡定的懒惰，
笑容在我的目光之外更加灿烂，
温暖的话语变成温暖得谎言，
甜蜜的怀抱变成刚愎冷漠。

是的，
直到现在，
我都不相信那艘船会沉没
都不信，
我抱着一块浮木漂泊了很久，
你没有伸手救我。

Warum lässt mich die Erinnerung nicht vergessen?

„Du hast ein wildes Herz und er ist ein aufrichtiger Mensch"
„Überleg es dir gut mit ihm, er hat doch nichts zu bieten
  und das wird auch in Zukunft wohl so bleiben!"
„Du siehst in seiner Erscheinung nichts Besonderes, doch er ist
eben so."

So war es, ich erinnere mich,
verschieden waren die Worte, doch ihre Bedeutung gleich
Dennoch überkam mich helle Freude
als du nach der Rückkehr von deiner Reise
  an meine Tür klopftest
Ich sah das Selbstvertrauen, das aus deinen Augen quoll,
deinen in Worten verhärteten Starrsinn
Aber auch dein ewig warmes Lächeln
und deine stets gefälligen Worte
wie deine immer nur zarten Umarmungen

So war es
Ich erinnere mich an jede deiner Windungen und Wendungen
Überzeugte Entschlossenheit gerann zu ebensolcher Trägheit
Das Lächeln im Gesicht der anderen
  war stets heller und strahlender als das Meine
Warme und tröstende Worte wurden zu gefälligen Lügen,
Sorge und einfühlende Nachsicht
  schlugen um in abweisende Kälte

So war es
Und so ist es bis heute
Ich glaubte stets, dass dieses Schiff nicht sinken könne
Ich konnte es mir nicht vorstellen
Zu lange habe ich meine Liebe einem Menschen geschenkt,
  der sich einfach nur treiben lässt
Du aber hast deine Hand nicht ausgestreckt, um mir zu helfen

美丽的照片

西班牙，土耳其，印度，
夕阳下的吴哥，
沉静微笑的丰腴妇人，
蓝天下孤独站立的桥梁，
多么美丽的照片！
拍照片的人，
却只有一张手持相机的侧影。

我想，
除了美丽的心灵，
你一定还有，
一双清澈的眼睛。

Ein wunderschönes Bild

Spanien, die Türkei, Indien
Herr Wu im Licht der Abendsonne
Und seine vollschlanke Ehefrau lächelt stumm
Unter dem noch blauen Himmel eine einsame Brücke
Wie schön dieses Bild doch ist!
Was für ein wildes Fühlen!
Vom Fotografen selbst ist nur ein Schatten zu sehen,
    eine Hand, die eine Kamera hält

Ich denke
außer einem feinen ästhetischem Gespür
hast du vor allem
einen klaren, wachen Blick

冷战

冷战，
再长的冷战，
终有结束的一天，
冷战之后是什么？
已经腻味的忏悔，祈求？
已经不再相信的山盟海誓？
没有悬念，
不会再有火焰燃起。
那为什么，
为什么还要冷战？
为了更多的冷战？

Kalter Krieg

Kalter Krieg
Zu lange schon und immer noch
Wenn er einmal zu Ende sein wird –
Was kommt dann?
Gab es schon zähflüssige Reue und Abbitte?
Werden wir noch einmal
    unseren eigenen Liebesschwüren Glauben schenken?
Kein endlos kreisendes Sehnen mehr,
niemals mehr werden heiße Feuer brennen
Aber warum,
warum noch dieser Krieg,
der immer kälter wird?

骆驼

我不是一个女人，
不要和我谈论爱情；
我是一只骆驼，
生活就是负重行走！

日子很具体，
做饭，洗碗，喂奶，辅导功课，
梦想是昨日的云烟。
没有抱怨，没时间忧伤
眼泪涌出的时候，
自己默默，
垂下眼睑……

垂下头，忘却前尘，
这麻木的行走，
永远不会到达远方，
那个有鲜花和诗歌的地方。

让我遗忘，
曾经的爱的温暖，
洋溢着关怀，温柔，深情，甜蜜的时光。

不会再有了，有谁会呢？
对一匹瘦骨嶙峋的骆驼，
倾诉衷肠？

Das Dromedar

Ich will nicht länger Frau sein
Hör auf, mir von Liebe zu sprechen
Ich fühle mich gleich einem Dromedar,
mein Leben ist eine einzige Last und mühselig alle Wege

Mein Alltag ist ausgefüllt:
Essen kochen, Wäsche waschen, mein kleines Kind säugen,
dem anderen bei den Schulaufgaben helfen
Träume – das sind die Nebelschwaden von gestern
Doch klage ich nicht,
ich habe keine Zeit der Melancholie zu frönen
Und wenn die Tränen aus meinen Augen quellen,
geschieht es heimlich und still,
mit traurig hängenden Lidern

Mit gesenktem Haupt und vergessend was ist,
gehe ich taub und gefühllos meiner Wege
Niemals werde ich zu den fernen Orten gelangen,
wo die schönen Blumen wachsen und die Poesie regiert

Lass mich vergessen,
die Wärme und die Liebe, die mich einst umgaben,
die hellen und lichten Zeiten der Zartheit, des Sehnens
und tiefer Verbundenheit

Sie kehren nicht wieder – Wer könnte sie mir geben?
Mir, einem höckerigen, raufüßigen alten Dromedar,
das sein Herz ausschüttet

自由

桃花源，
只有你知道，
美丽，曼妙，孤独，凄凉，恶毒，赌咒，饶恕，恩
典……
只有你知道
羽化飞仙……

Freiheit

O Pfirsichblütenquell jenseits der Welt
Nur du weißt,
Um wirkliche Schönheit und tiefes Geheimnis,
um Einsamkeit und Verlassenheit,
um die Boshaftigkeit und die Macht eines Schwures,
wie auch um Gnade und Barmherzigkeit
Allein du besitzt das Wissen darüber,
was uns entschweben lässt ins Heilige

凝视

把手放到你的手里，
凝视着你的眼睛，
空气中盛开着透明的花朵，
露珠从花瓣边缘坠落。

长发飞扬快意爱恨的岁月，
看着它远去，挥手告别。
如果，
伤害是绕不开的藤蔓，
让我的裙裾坦然染上
孤独的红色。

微风，薄暮，
孩子们粉嫩的脸颊，
花开花谢梦里轮回的失望希望，
青草尖尖的唇吻，
絮絮诉说着新的誓言。

Eingehende Betrachtung

Lass meine Hand in der deinen ruhen
Betrachte einmal eingehend deine eigenen Augen
In der klaren Luft erblühen Blumen
    hell und lichtdurchflutet
Von den Rändern der Blütenblätter
    rinnen die Tautropfen herab

In Liebe und Hass verstrichen die Monde,
    langes Haar flattert im Wind
Ich beobachte, wie alles entschwindet –
Ein Winken zum Abschied
Wenn mein Schmerz gleich einer Liane,
die sich nicht öffnen kann,
    dann entzieht man sich ihm nicht,
so soll mein Kleid sich färben in einsamen Rot

Ein schwacher Wind, ein lauer Abend
Die zarten Wangen eines Kindes
Die Blüten erblühen, die Blüten schwinden,
in den Träumen wechseln Hoffnung und Verzweiflung
Meine Lippen streifen grüne Gräser
Ist das ein neuer Schwur durch Watte gesprochen?

83

思念

你还好吗？
你在远方，还习惯吗？
那些河流和佛像，还让你沉迷吗？
那些长发短发的人群，还抢夺你的镜头吗？
那些甜的咸的食品，那些宽的窄的街道，
那些书本，那些建筑，那些花朵，
你都喜欢吗？

那里一切的一切，
有什么，
能让你想起上海吗？
想起上海的我，
和我思念你的目光吗？

Sehnsucht

Ob es dir wohl gut geht?
Hast du dich gewöhnt an das Leben in weiter Ferne?
Wie stets tief versunken im großen Strom der Buddha-Bilder
und ihrem tiefen Geheimnis erlegen?
Immer noch auf der Jagd mit der Kamera nach Menschen
mit langen Mähnen und solchen mit Stoppelhaaren
Unterwegs auf schmalen und breiten Wegen
das Süße und das Salzige schmecken wollen
Liebst du sie noch -
diese Bücher, diese Häuser, diese Blumen?

Alle diese Dinge um dich herum,
was es dort auch immer gibt,
Lässt es dich an Shanghai denken?
Und an mich in dieser Stadt,
an den Glanz meiner Augen
wenn ich dich erinnere?

为什么我没有目标呢？

为什么我没有目标呢？
为什么我总觉得没劲呢？
为什么我没法狂热的爱钱呢？
为什么我不怕悲剧呢？
为什么我越来越胆小呢？
为什么我越来越厌弃自己呢？
为什么我还有期待呢？

Warum habe ich keine Ziele mehr?

Warum habe ich keine Ziele mehr?
Warum fehlt mir jede Kraft?
Warum bin ich nicht mehr verrückt nach dem Geld?
Warum bloß fürchte ich Unglück und Trauer nicht länger?
Warum fühle ich mich Tag um Tag schwächer?
Warum hasse ich mich heute so sehr viel mehr als früher?
Und warum hat mich die Hoffnung bis heute nicht verlassen?

时光

那些夸大的善意，
热热闹闹艳丽动人的暧昧誓言，
如流光溢彩的气球，
时光的针尖，轻轻一碰，
就蜷缩成可怜的碎片。

Zeit

Dieser übertriebene Sinn für das Gute,
diese heißen und schwülstigen Schwüre,
    die so bewegend wirken sollen
Gleich einem bunten Luftballon,
mit nichts als leichtem Gas gefüllt
Es kommt die Zeit, da eine Nadelspitze ihn trifft –
    nur eine einzige leichte Berührung
Und im Nu schnurrt alles zusammen kläglich und erbärmlich

恩典

别以为只有你厌倦，
别以为只有你觉得那张床乏味，
别以为只有你觉得没劲，
别觉得只有你怀念过去的激情，
别以为只有你想换个人倾诉，
别以为只有你能找到年轻的慰籍，
别以为只有你的放纵与众不同，
别以为你的滥情很纯真，
别以为你的龌龊和怯懦是种恩典，
其实，哈哈……

Was gut ist

Glaub bloß nicht, dass allein du müde und erschöpft bist
Glaub bloß nicht, dass nur du es in diesem Bett fade findest
Glaub bloß nicht, dass sich außer dir
    niemand schwach und kraftlos fühlt
Glaub bloß nicht, dass du die einzige bist, die sich nach
    den Einladungen von Gestern sehnt
Glaub bloß nicht, dass du der einzige Mensch bist,
    der sein Herz ausschütten möchte
Glaub bloß nicht, dass du allein nach dem Zuspruch
    und den Versprechungen der Jugendjahre verlangst
Glaub bloß nicht, dass du die einzige bist, die glaubt, frei
    und von allen anderen verschieden zu sein.
Hör auf, dein überschäumendes Fühlen
    für aufrichtig und wahr zu halten
Hör auf, deine Gemeinheit und deine Feigheit
    für einen moralischen Vorzug zu halten
Tatsächlich ist das alles lächerlich ...

真情

那些热热闹闹纷纷扰扰的演绎，
那些流光溢彩温情，
夸大的善意，
如同气球，
真情的针尖，
轻轻一碰，
蜷缩成可怜的碎片

Aufrichtiges Fühlen

Diese wilden aufdringlichen Gedanken
    mit ihren kühnen Schlüssen
Dieses bunte Glitzern, dieses warme fließende Fühlen
Süße, wohlfeile Übertreibungen
Alles gleich einem aufgeblasenem Ballon
Wahres, wirkliches Fühlen
    ist gleich einer scharfen Nadelspitze
Nur eine einzige leichte Berührung
Und schon ist alles vorbei – kläglich und erbärmlich

苦

我是少年惆怅客，
知君为何泪纵横！
天光欲晓恨难尽，
侬愁漫漫一江青

Leid

In meinen jungen Jahren
    war die Melancholie mein ständiger Gast
Wenn ich nur wüsste, warum all die vielen Tränen
Das Licht des Tages dürstet nach Wissen
    und fürchtet das Erlöschen
Sorge und Kummer tragen mich fort,
    einem dunklen Strom gleich

Phoebe，Phoebe

宝贝，
你在我心里，
一片嫩嫩的叶子，
一瓣毛毛的芽，
我的小小的孩子，
我的宝贝！

今天，
妈妈没有奶水了，
让别人喂养你。
你的甜甜的笑容，
你的胖胖的脚丫，
你在妈妈的心里，
甜美的无法忘记，
我的小小的宝贝，
我的孩子。

Du Tochter von Uranus und Gaia (Phoebe)

Mein kleiner Liebling,
in meinem Herz ist noch viel Platz für dich
Junges zartes Blättlein,
kleiner, flaumbehaarter Schössling
Mein Kind
du, mein kleiner Liebling

Heute jedoch,
hat deine Mutter keine Milch für dich,
lass dich von einer anderen nähren
Süß und lieblich ist dein Lächeln,
unbeholfen deine kleinen Füße
Ewig und unvergesslich
bleibst du im großen Herzen deiner Mutter
Mein kleiner Liebling,
du mein Kind

考验

　　我知道，我遇到了麻烦，时间流逝，愁怨却永久停留，越积越苦痛，苦痛带走了睡眠。辗转反侧，一天一天一夜一夜都是无眠。头痛欲裂，那双闭不上的眼，分分秒秒看着纷争上演。

　　他给了我这么艰难的挑战。

　　他未曾鞭打，也无有微言，他只是给了我一个必须要做的决定，但没有一个选项通往快乐。他打开了潘多拉的盒子，释放出怨、恨、悲、苦四个魔鬼和我搏斗，看看我是被完全征服，还是浴火涅磐。

　　我知道，快乐是救赎，忘却是高贵，释然是圆满。

　　可是，我做不到，我被那些魔鬼撕成碎片。

Die Prüfung

Ich weiß, dass ich in Schwierigkeiten bin, während die Zeit verstreicht, doch der Hass und die Sorgen verweilen. Das Leid wächst Tag um Tag und raubt mir den Schlaf. Unruhig wälze ich mich in meinem Bett hin und her, rastlos Tag um Tag und Nacht um Nacht. Im Kopf explodieren die Wünsche. Zwei Augen, die sich nicht schließen wollen, Stunde um Stunde nur wilde Spiele betrachtend.

Dieser Mann stellt mich vor eine schwierige Herausforderung. Niemals hat er mich geschlagen, jedoch er spricht auch keine liebevollen Worte. Er stellt mich vor eine Entscheidung, die ich treffen muss, aber es gibt keine Optionen, die Glück bringen. Er hat die Büchse der Pandora geöffnet. Die vier Dämonen: Hass, Übelwollen, Trauer und Kummer ringen mit mir, unablässig schauen sie auf mich. Bin ich ihnen noch unterworfen oder schon im reinigenden Feuer des Nirvana?

Ich weiß es: Freude führt zu Erlösung. Allein das Vergessen können ist erhaben und das Loslassen führt zur Vollendung. Aber ich schaffe es nicht, ich werde von Dämonen in Stücke gerissen.

哎，这么艰难的考验！

我本是天地间豪侠坦荡光光明明大大咧咧乐于助人率
性人。怨毒不是我本性，正如，寂寞不是我喜欢。

如果不能去伦敦看看你的眼睛，那我就想去，看看敦
煌的飞天。
在风沙肆虐的地方，如果不能埋葬我的忧伤，就埋葬
自己。

Waah, was für eine Prüfung!

Zwischen dem Himmel und der Erde, da bin ich, strahlend, zitternd, erhaben, eine Führernatur, die anderen helfen will. Der alles vergiftende Hass ist nicht Teil meines wahren Wesens, doch in der Einsamkeit und Stille kann ich irgendwie keine Freude finden.

Wenn ich nicht nach London kommen kann, um in deine Augen zu blicken, dann gehen meine Gedanken nach Dunhuang und wandern durch den Lüfte, wo die Wüstenstürme wehen. Dort will ich meinen Schmerz und meine Wunden begraben. Und wenn es mir nicht gelingt, so mag ich dort meine Grabesstätte finden.

他们都走了

他们都走了
犹如盛宴结束
人们纷纷起立。脸上表情各异，
却都向着门口聚集。
尽管，
杯中的红酒的香气，
依然荡漾着，
甚至更浓郁，
酒杯上唇吻，
也依然鲜红欲滴，
但那个精灵已经飞走了，
每个人都无精打采，
急待离去。
那个精灵的名字，
就叫年轻，
女人的年轻

Sie sind alle fort

Nun sind sie alle fort,
wie auf einer Party, die zu Ende ging
Einer nach dem anderen ist aufgestanden,
    jeder mit anderen Miene
An der Außentür war auf einmal ein großes Gedränge
Obwohl
in den Gläsern noch Rotwein ist,
dessen lieblicher Duft den Raum durchzieht
voll trunkener Schwere
Meine Lippen am Becherrand,
noch immer die süßen roten Tropfen kostend
Aber meiner Sehnsucht wuchsen Flügel und sie flog fort
Alle sind sie unerbittlich in ihrer Suche nach Vorteil
und gleich schnell weiter in hastiger Eile
Diese Geisteshaltung hat einen Namen:
Jugend
Die Jugendjahre einer Frau

城市让我心碎

这个城市让我心碎
这些城市让我心碎

张先生，王小姐，李主任，莫经理……
你好，我是，你是？
我给你打电话
我给你发邮件
我给你发短信
好的，好的，好的……

上地铁，下地铁，1 号线，2 号线，10 号线，n 号线
赶动车；赶高铁；赶飞机
叫车，叫不到车；堵车
快点！有更近的路吗？
如家，汉庭；疑似的如家，酷似的汉庭；
换来换去，
睡眠被谋杀
不隔音的墙壁
隔壁女人叫床的声音总让我自卑
抽烟的男人们关门的声音总是很重
深夜晚归的人总是脚步沉重

永远在路上
永远在飘泊
心中梦想着富贵
身体在廉价的床上
以为这些都是暂时的
直到皱纹可耻的爬到脸上

Diese Stadt lässt mein Herz zerspringen

Diese Stadt lässt mein Herz zerspringen
Große Städte machen mich irre
Herr Zhang, Frau Wang, Direktor Li, Geschäftsführer Mo
Guten Tag, ich bin ... und Sie ...?
Ich rufe Sie an,
sende eine E-Mail,
schicke eine SMS
Gut so, OK, Prima

In die U-Bahn, aus der U-Bahn,
    Linie 1, Linie 2, Linie 10, Linie X
Beweglich, in der Schnellbahn, in einem Flugzeug
Ein Taxi, keins finden, im Stau
Los, ein bisschen Schneller –
    Gibt es denn noch keine neue Strecke?
Sauber und preisgünstig in den Hotels von Rujia und Hanting
Heute hier, morgen dort
Und im Schlaf töten mich
diese alles verschluckenden Wände,
und das wollüstige Stöhnen einer Frau aus dem Nebenzimmer
    löst Minderwertigkeitsgefühle in mir aus
Dazu noch das laute Quatschen der Männer
    beim Rauchen vor den Türen und
die schweren Schritte der in später Nacht Zurückkehrenden

Ständig unterwegs
Ein Leben dauernd in der Schwebe
Im Herzen der Traum vom vielen Geld
Der Körper ruht auf dem Billigbett
und ich hege den Glauben, das alles sei nur vorübergehend
Doch spüre ich schon, wie die ersten Falten
    mein Gesicht erobern und es zerfurchen

流年

Clarks 的鞋子
已经穿坏了
真的已经很久了
距离
放飞梦想的日子

那件 Jessica 的外套
竟然领口被磨破了
真的已经很久了
距离
你青春飞扬的年代

那枚蓝宝石的戒指
已经脱落了一粒碎钻
真的已经很久了
距离
他守望你的岁月

不能重回伦敦去买 clarks 的鞋子，
也不能再补 Jessica 的外衣
至于戒指上缺失的
小小的钻石，
就更无可寻觅
只剩追忆

Im Strom der Zeit

Die Schuhe von Clarks
sind schon abgetragen
Es ist viel Zeit vergangen
Weit fort
die Zeit der hochfliegenden Träume

Der teure Jessica-Mantel
ist bereits verschlissen, das hätte ich nicht gedacht
Es ist wirklich schon viel Zeit vergangen
Weit fort
der Frühling deiner Jugend

Aus dem blauen Lapislazuli-Ring
fielen die kostbaren Steine
Es wird spät im Leben
Weit fort
der neugeborene Mond, der nur auf dicht wartet

Ich komme nicht mehr nach London
        der Clarks-Schuhe wegen,
den Jessica-Mantel werde ich nicht mehr ausbessern lassen
Die wunderbaren Steine
aus meinem Ring –
ganz nutzlos nach ihnen zu suchen
Was einzig bleibt, ist die Erinnerung

梦想

这是你的梦想吗？
今天的你，
没有名声，没有别墅，没有爱情，
也不敢，
再有梦想

Träume

Ist das dein Traum
Du heute?
Kein Ruhm, keine Villa, keine Liebe
Und wagst es auch nicht
noch einmal so zu träumen!

真相

讨论
你对我的爱情
就如同
讨论
世界的真相

Wahrheit

Wir sprachen darüber
Deine Liebe zu mir
Gleichsam
als redeten wir
über die Wahrheit in dieser Welt

msn 名字

陋妻、恶母、寡友、苛姊，
不论怎么变化，
都是一条线，
一条怨毒的线。

全世界都感受到了你的委屈，
明白你的心情。
只有那个你等待的人，
闭着眼睛，
在那条线下永远隐身。

Mein Name unter MSN

Ein hässliches Eheweib, eine schlechte Mutter,
nur wenige Freunde,
und eine ständig tadelnde ältere Schwester?
Egal, welche Veränderung es ist,
alles folgt einer Linie giftigen Linie der Feindseligkeit

Die ganze Welt kann deine Erbitterung spüren,
alle verstehen sie deinen Gemützusand
Allein die deiner harren,
verschließen ihre Augen,
ewige Schatten noch unterhalb dieser Linie

我知道我不对

我知道我不对，
我不会笑，
就像全世界都欠我的。

我尝试去做正确的事，
我尝试笑，
因为没有谁欠我。

我知道我不对，
就算笑了，
心还黑着，
毕竟全世界都欠我的。

Ich weiß, dass ich mich falsch verhalte

Ich weiß, dass ich mich falsch verhalte
Ich kann einfach nicht lächeln
Gleichsam als ob mir die ganze Welt etwas schuldig wäre

Ich will versuchen, das Richtige zu tun
Strenge mich an und lächele
Weil mir niemand irgendetwas schuldig ist

Ich weiß, dass ich mich falsch verhalte
Am Lächeln allein liegt es nicht
Mein Herz ist schwarz und finster
Letztlich ist mir das Leben dennoch etwas schuldig geblieben

小妖

嗨！你这光头的小妖！
布叽布叽布叽，咿呀咿呀咿呀，
话也还不会说的小妖，
我的满地乱爬的宝贝，
胖子，菲菲，坏蛋，老虎，
怎么都看不够亲不够抱不够的小妖，
我的亲亲爱爱的宝贝！

嗨！你这个长辫子的小妖！
整天画来画去画东画西，
想让你学什么偏偏不学什么，
为巧克力，鸡翅，和匹萨饼绞尽脑汁，
睡前偷偷看灰太狼的小妖，
我的不能不责备，责备又不能不心痛的宝贝！
哎！我的宝贝！

哎，我的宝贝们！

Du kleines Hexlein

Heia, du kleines Hexlein mit noch kahlem Kopf
Bussi, bussi, aiya, aiya
Mehr Worte kommen nicht aus deinem Mund
Mein kleiner herumkrabbelnder Schatz
Dickerchen, Äffchen, kleiner Schurke, Tiger
Wie könnte ich je genug davon bekommen,
dich zu herzen und zu küssen
Mein allerliebster Schatz

Heia, und du nun, Hexlein mit den langen Zöpfen
Den ganzen Tag mit dem Pinsel malen
    kreuz und quer aufs Papier
Ich will dich lernen lassen, was immer du willst
    oder auch nicht
Schokolade, Pizza und Chicken Wings
    sollen dein Hirn aufpäppeln
Vor dem Schlafen noch heimlich vor dem Fernseher
Ohne Strafe und Tadel geht es nicht,
    doch ich komme nicht umhin, dich zu verwöhnen
Meine Liebling

Ach ja, meine Kinder!

Alone

I will be here,
you're not alone.
唱这首歌的人，
已经孤独死去。
那些 longly 的人，回归 alone。

孤独的人不需要安慰，
人在孤独中成就。

孤独是主人，
热闹是客人。

Alone

"I will be here,
you' re not alone."
Der dieses Lied sang,
starb schon vor langer Zeit in Einsamkeit
Der Einsame kehrt allein zurück

In Wahrheit brauchen die Verlassenen keinen Trost
Aus der Einsamkeit entstehen große Taten

Die Einsamkeit ist ein Gastgeber
Die Lärmenden und Betriebssamen sind nur Gäste

围猎，疏远

40 岁的女人，
如果没有爱情，
如果还有点梦想，
要么被孤立疏远，
要么被围猎。

In weiter Ferne von Jägern umzingelt

Eine Frau mit vierzig,
wenn sie keine Liebe mehr findet,
wenn sie noch Ideen und Pläne hat,
ob weiter allein oder von allen entfremdet,
stets ist sie von Jägern umzingelt

情怀

在一个
暮色苍茫的春天，
你牵着我的手，
唱歌给我听。
微风送来青草的香味。

你还在不在山脚下，
守着一篮草莓等我？
你的白衬衫，越行越远。
我依然砰然心动，
每当走过春天的草地，
每当想起你说的誓言。

Sehnsucht

An einem Frühlingstag
unter blauem Abendhimmel
nahmst du meine Hand
und hast ein Lied für mich gesungen
Ein leichter Wind streifte die duftenden Gräser

Wartest du noch auf mich,
am Fuß des Berges mit einem Korb voller Erdbeeren?
Du kommst viel herum in der Welt
mit deinen weißen Hemden auf dem Leib
Mein Herz pocht noch heute,
jedes Mal wenn ich im Frühling über eine Wiese gehe
Und dann erinnere ich mich immer an dein Versprechen

死去

我知道，
盛宴结束，
命运露出它的脸相，
我的好时光已经过去。
我正在枯萎，正在死去。

是的，
还有一些牵挂，
但不觉疼痛，也没有惧意。
我镇定的游走在大街小巷，
与那个眼神明丽的女子，
渐行渐远，永无重逢……

Stirb endlich

Die Party ist vorüber
Ich weiß es,
das Schicksal enthüllt mir sein wahres Antlitz
Alles Glänzende ist nun nun endgültig Vergangenheit
Heute welke ich nicht nur dahin,
    ich kann den Tod schon spüren

So ist es eben,
doch da ist noch eine zärtliche Erinnerung,
ganz frei von Schmerz und auch von Furcht
Auf gefasster Wanderschaft durch Wege und Gassen
An der Seite einer schönen Frau
    mit geheimnisvoll leuchtenden Augen
In längst entschwundener Ferne und ohne jede Wiederkehr

华年

读戴望舒的雨巷，
和他一起憧憬，
那位丁香一样的姑娘，
那重逢着爱情的，
雨巷。

不会沉迷，与爱情无关的思想，
不问阶级与财富，
就是信他，那个平凡的人，
会带给我幸福！

这就是人们常说的傻吧？
那些很傻却闪亮的日子，
它永远不再回来。
只有月色，
能铺陈出年青时的模样。

Blütenjahre

Beim Lesen von Dai Wangshus „Die Gasse im Regen":
Mit ihm teile ich eine tiefe Sehnsucht
Ein Mädchentraum gleich zarten Fliederblüten
In einer regennassen Gasse
trafen wir unsere Liebe wieder

Frei von Verwirrung und allem,
      was nichts mit Liebe zu tun hat
Keine Fragen nach Status und Einkommen
Unbedingtes Vertrauen in ihn,
      diesen ganz gewöhnlichen Menschen
Und der mir doch so großes Glück verschaffen kann

Ist das nur die gewöhnliche Torheit der Leute?
Solche Tage in Dummheit und doch voller Glanz
Es wird niemals wiederkehren
Nur in der Zeit der Jugend
sahen wir die Farben des Mondes auf diese Weise

走吧

走吧，
咱走吧，
我的姑娘，
没有人救你，
我可以救你，
我陪伴你，
我的姑娘，
是时候了，
我们该离开。

我们该离开这里，
你不要热泪盈眶，
我的姑娘，
我们去大版城，
去找我们的理想。

那双眼睛已经污浊，
那个怀抱也已经变凉，
月光，
依旧如水一样，
我的姑娘，
你依旧清新的像
我刚见你时一样。

让我抚摸你的短发，
让我按摩你的脚伤，
让我用泉水为你沐浴，
让我亲吻你一千遍，
哎，我的姑娘！

Verschwinde endlich

Los geh jetzt!
Wir müssen von hier verschwinden
Mein Mädchen,
dich will keiner mehr,
doch ich könnte dich noch mögen,
dich begleiten,
dich, meine Liebe
Aber die Zeit ist gekommen,
die Zeit der Trennung

Wir sollten hier Abschied nehmen
Kein Grund für dich zu Heulen und zu Flennen
Mein Mädchen,
wir gehen nach Osaka
auf der Suche nach einem Traum

Die Augen schon trübe,
die Umarmungen kalt
Aber das Mondlicht, das uns umhüllt,
genauso wie damals
Aber du, meine Schöne,
das Bild deiner Jugendjahre
gleich dem, was ich gerade erblicke

Lass mich über dein kurzes Haar streichen,
mich deine wunden Füße massieren,
dich waschen mit dem Wasser einer klaren Quelle
küssen will ich dich tausendmal,
dich mein Mädchen, meine Liebste

我们现在就出发，
向着大海的方向，
那里有梦想，
还有桃花和蜜糖，
你可以甜甜的睡，
想多长就多长……

我就在你身旁，
我什么都能告别，
只有你，我的姑娘，
永远在我心上。

你听微风送来的驼铃声，
你看夕阳染红的大山的背影，
都是在向我们召唤，
走吧，走嘞！我的姑娘！
灵魂就在前面，没有感伤！

Lass uns jetzt aufbrechen
zum großen weiten Meer
Nur dort kann man noch träumen,
wo die Bäume voll süßer Pfirsiche,
    wo lieblicher Wein und süßer Honig fließen
An diesem Ort fällst du in einen sanften Schlaf,
für lange, lange Zeit

Ich bleibe stets an deiner Seite
Wie könnte ich dich je verlassen?
Allein du, mein Mädchen,
bist auf immer in meinem Herzen

Höre das leise Klingeln der Kuhglocken im Wind,
sieh auf die Abendsonne, die hinter hohen Bergen versinkt
Alles ist ein Ruf an uns
Geh jetzt, los brich auf meine Liebste!
Deine Seele ist dir schon weit voraus –
    Es wird nicht wehtun!

痛苦

痛苦没有杀死我，
只是将
愤怒，失望，痛楚的种子，
深深地埋在，
高高的山上，
厚厚的地下。
一点光，它们就
恣肆的蔓延，疯狂的生长。

Leiden

Das Leiden hat mich nicht umgebracht
Was ich schlicht vollbrachte war,
den Same von Wut, Pein und Hoffnungslosigkeit
ganz tief in mir zu vergraben
Hoch oben auf den Gipfeln der Berge,
tief drinnen im Schoß der Erde
Ein leuchtender Punkt. Aller Wahnsinn
breitet sich ungehemmt und zügellos aus

迷惑

大慈大悲的寺庙，
会收这样一个可怜人吗？
她不信神、不信佛、不信爱？
她希望得到庇护，
却不知道需要庇护什么？
她希望得到清净，
却不知道纷乱来自何处。

Verwirrung

Nimmt der Tempel der Großen Barmherzigkeit
solche bedauernswerten Menschen auf?
Sie glaubt nicht an Geistwesen, nicht an Buddha
und auch nicht an die Liebe
Sie hofft auf eine Zuflucht
Doch weiß nicht, welcher Art von Schutz sie bedarf
Sie wünscht sich Reinheit und Klarheit,
weiß aber nicht, woher die Verwirrung entspringt

流逝的云啊

流逝的云啊，悲惨的野鸽子……
那个明眸皓齿的年青女子，
黑瞳炯炯没有一丝阴影，
等待着未婚夫的出现，
守候着她的爱情。

那个守望的身影，
静静的出现在每个清晨和黄昏，
时间失去意义，
囚住世上一半文字，
一半音乐，一半影像。

她的名字，
山口百惠，
她的人生，
就是她的电影。

为什么她可以得到她的梦，
　流逝的云啊……
我却不能？

Vorüberziehende Wolken

Vorüberziehende Wolken – du traurige kleine wilde Taube
Diese junge Frau mit ihren wachen Pupillen
und schneeweißen Zähnen
Leuchtend schwarze Augen ohne die Spur eines Schattens,
wartet auf ihren unvermählten Prinzen,
all ihre Liebe bewahrt sie nur für ihn

Eine wachsame Silhouette
Aus der Stille erscheint sie
in jeder Morgen- und Abenddämmerung
Die Zeit hat allen Sinn verloren,
gefangen in Fragmenten von Schriftzeichen,
zur Hälfte Melodien, zur Hälfte Bilder

Ihr Name,
ein Bergpass zahlloser Gunstgewährungen
Das ist ihr Leben,
der Film ihrer Existenz

Warum kann sie ihren Traum verwirklichen
Vorüberziehende Wolken
Warum kann ich es nicht?

惆怅是因为在乎

惆怅是因为在乎，
沉默是想说的太多。

Traurigkeit beim Hinschauen auf die Dinge

Weil ich hinschaue, werde ich melancholisch
Still bin ich, doch möchte so viel sagen

伪装

下了一千次决心，
换了一千个角度，
我还是不能，
说服自己
放弃心中的梦想。
我做不到，也不愿意，
按你本来的样子，
来看待你。

Die Täuschung

Durch tausend Schichten von Entschlossenheit
änderte sich meine Perspektive tausendfach
Trotzdem vermag ich es nicht,
und muss mich selbst dazu überreden,
auf den Traum meines Herzens zu verzichten
Ich verstehe es nicht und bin dazu auch nicht gewillt,
dich so zu nehmen
wie du du in deinem Innern eigentlich bist

我的宝贝

还有这样一种爱，
那么深，那么远，
无边无际

你的笑脸，
你的眼睛，
宝贝，
我的宝贝

即使睡去，
在梦中，
我依然记挂着你

不管你是什么样子，
不管你是什么面容，
不管你书写什么未来，
我的宝贝，
我都不能爱你少一点

我不能停止爱你，
即使飞机骤然失事，
在我的手抚向胸口的霎那，
跳出的是你的名字
我向上帝祈求，
为了你，
让我平安的回家，
我要看着你长大。

Mein lieber Schatz

Dass es solche Liebe noch gibt!
So tief, so weit,
so groß und grenzenlos

Dein lächelnder Mund,
deine Augen,
mein Schatz,
mein lieber Schatz

Selbst wenn du schläfst,
in deinen Träumen
bin ich in der Erinnerung noch mit dir

Was du auch immer tust,
und ganz egal, wie aus es siehst,
auch wenn du die Kalligraphie niemals lernst,
mein lieber Schatz:
Ich liebe dich über alles und auch nicht ein bisschen weniger

Ich kann nicht aufhören, dich zu lieben
Selbst wenn dieses Flugzeug plötzlich die Kontrolle verliert,
in dem Augenblick,
        in dem meine Hand auf meinen Brustkorb schlägt
springt dein Name aus mir heraus
Ich bete zur höchsten Gottheit
für dein Wohlergehen
Lass mich friedlich nach Hause zurückkehren,
ich will dich weiter aufwachsen sehen

无力

知道做的不对，却无力做正确。
知道应该忘记和原谅，却不能走出被伤害的阴影。
知道自己的生活不值一提，却无法挥手告别。
人生无奈是因为你选择了无奈，
正确的说法是注定你不能选择精彩……

Kraftlos

Ich weiß, dass ich es falsch mache,
  bloß habe ich nicht die Kraft, es richtig zu tun
Ich weiß: Ich sollte vergessen und verzeihen,
  doch werde die schmerzvollen Schatten
  der Vergangenheit nicht los
Ich weiß wie wertlos mein Leben ist,
  doch die Kraft zum Abschied nehmen fehlt mir
Die Hoffnungslosigkeit der Welt liegt allein darin,
  dass man die Hoffnungslosigkeit wählt
Richtiger gesagt: Man entscheidet sich einfach nicht
  für seine seine Talente und Möglichkeiten

我向你致敬

你知道，
他之所以还在，
是因为她没下定决心
你知道，
她之所以还在，
并不是因为他的坚持
你知道
他们之所以还在，
是因为他们无处可去
你知道，你知道的，
你知道了真相：
你不是第一，你是第 2，3，4，第 n,
除了自己，没有人觉得你重要。

奋斗的你那么愚蠢，
努力的你象个傻瓜！
被欺骗？
被愚弄？
被抛弃？
你以为你是谁呢？！
公理还在吗？
上帝还在吗？
南北还在吗？
花朵还在吗？
光还在吗？
他们让你相信愤怒有罪！
他们还让你相信，
一切是你咎由自取。
你是，
一条被剥夺了一切鱼，
望着河床喘息，
在干涸中的恍惚，

Mein Gruß an dich

Du weißt es,
er ist noch immer da,
weil sie noch keine Entscheidung getroffen hat
Du weißt es, auch sie ist noch immer bei ihm,
doch es ist nicht wegen seiner Beharrlichkeit
Du weißt es,
beide sind noch immer zusammen,
einfach, weil keiner weiß wohin
Ja, du weißt es,
in diesem Augenblick
hast du die Wahrheit erkannt:
Du bist nicht die Erste oder die Beste,
        du bist die Zweite, Dritte, Vierte oder xte
Außer dir selbst
        hält dich nämlich wirklich niemand für wichtig
Kämpfe gegen deine Torheit
mit Fleiß und Ausdauer, wie ein Dummkopf
Hat man dich betrogen?
Hat man dich für dumm verkauft?
Hat man dich verlassen?
Was glaubst du eigentlich, wer du bist!
Wo bleibt die Gerechtigkeit?
Wo ist Gott?
Wo liegt der Norden, wo der Süden?
Wo sind all die Blumen geblieben?
Wo der helle Glanz?
Die Leute lassen dich nur zu gerne glauben, dass Wut Sünde
sei
Sie reden dir ein,
alles sei allein deine Schuld
Du aber bist ein Fisch,
        den man alles Wasser genommen hat
Traumversunken
liegt er keuchend im ausgetrockneten Flussbett

除了痛楚和忍耐，
没有什么是真实。
坚持，
坚持？
坚持！
坚持什么？
不管什么，你就是不能这样死去。
你不愿相信，你就这样被打败
世界应该不是这样子的……

先是青草
再是海棠，
小麦的芬芳，
面包的香味，
大风的手指，
奔跑的孩子……
水的线、火的线、光的倒影，
那些花，那些美丽，那些柔软，
都回来了！
那么明亮！那么让你
猝不及防……
东西南北都回荡着歌声，
天使洁白的羽翼在微风中划出优美的曲线，
让他走吧，
让她走吧，
让他们走吧，
我还在这里，
我会永远在这里，
和我的土地在一起，
守望着你。
道路、桥梁、山脊、远方，
我的姑娘，
我是那么爱你，
请你相信：

Jenseits von Schmerz und Erdulden
ist nichts echt
Aushalten
Ausharren
Ertragen?
Ertragen!
Was ertragen?
Egal wie, auf diese Weise wirst du den Tod nicht finden
Wenn du es nicht glaubst, dann ist dir die Niederlage gewiss
Eigentlich sollte die Welt nicht so sein, wie sie ist
Am Anfang war alles wie frisches grünes Gras,
dann erst wuchsen die Zieräpfelbäume
Der Duft des jungen Weizens,
der Duft frischen Brotes
Ein mächtiger Wind weist die Richtung,
ein schnell rennendes Kind
Die Ränder des Wassers, die Grenzen des Feuers,
        der gestürzte Schatten des Lichts
Diese Blüten, diese Schönheit,
        diese Zartheit und Zerbrechlichkeit;
sie kehren alle zurück
Dieser helle Glanz macht dich so schwach und zerbrechlich,
er raubt dir jeden Schutz
Aus allen vier Richtungen tönt der Klang eines Liedes
Im säuselnden Wind malt ein Engel mit weißen Flügeln
        einen wunderbaren Weg in den weiten Himmel
Und fordert ihn auf, ihn zu beschreiten
Bittet sie, ihn zu gehen
Bittet euch, ihn zu gehen
Aber ich bin noch immer hier
Und ich werde immer bleiben
Verbunden mit meiner Erde,
so schütze und bewahre ich dich
Wege und Brücken, Bergkämme und ferne Gegenden
Mein Liebste, ich liebe dich so sehr
Bitte vertraue mir

相信自己，相信我，
请你再次，再一千次，
相信，
以前你曾相信的
爱情、忠诚、奋斗、和梦想。
和这个世界和解吧，
回馈它一个温暖的原谅。
把你自己，
从那些痛苦的时刻释放吧，
给那些曾经伤害过你的，
目光、语言、手势、表情，
甚至你苦苦的坚持，
一个潇洒的遗忘。
向这个世界进发吧，
展现你的风采，
挥霍你的力量，才能，激情，一切！
这是你的世界，
你的春天。
一点点水，再来一点点阳光，
你的风信子，
就会微笑着绽放。
在静静流淌的河边，
在高高的山上……

Glaube an dich selbst und vertraue mir
Ich bitte dich wieder und wieder,
tausend und noch einmal tausend Mal
Vertraue!
Einst glaubtest du an Liebe und Aufrichtigkeit,
an das Kämpfen und sich wehren und an deinen Traum
Schließe nun deinen Frieden mit der Welt,
schenke ihr ein warmherziges Verzeihen
Löse dich aus eigener Kraft
aus allen Augenblicken des Schmerzes
Gib diesem so verletzten Ich
leuchtende Augen, Worte, eine Stütze,
einen Ausdruck in deinem Gesicht
Lass deine quälende Beharrlichkeit
einfach in beschwingte Vergessenheit geraten
Geh hinein in diese Welt
Entfalte dein Talent
Verschwende großzügign deine Energie, dein Können, deine
Leidenschaft – alles
Dies hier ist deine Welt,
dein Frühling
Ein Tropfen Wasser und dann wieder ein Strahl Sonnenschein,
deine Hyazinthe
Lass ein Lächeln über deine Lippen gleiten,
am stillen Ufer eines Flusses,
auf dem Gipfel eines hohen Berges ...

一个美好时刻的纪念和终结

成吉思汗，大君！
让我们建一座城，
绵延五百里，
金碧辉煌，雕梁画栋，
美女成群，珠玉映衬，
两万人因此而劳，
两万人因此而怒，
两万人因此而妒，
两万人因此而伤，
两万人因此而死，
……
又如何？！
我们的大帝！
辉煌的，本该归于壮丽，
天下之物，没有我，
哪一样珍奇？
天下之人，没有我，
谁言稀世？
成吉思汗！大君！
今晚降临！

Erinnerung und Schlussbetrachtung einer schönen Zeit

Dschingis Khan – Großer Herrscher,
lass uns eine Stadt bauen,
die sich über fünfhundert Li erstreckt
Voller Gold und Jadeglanz und mit buntbemalten Säulen
Überall Gruppen schöner Frauen,
auf den Kleidern funkelt helle Jade
Zwanzigtausend Menschen arbeiten dafür,
zwanzigtausend leisten Sklavendienste,
zwanzigtausend voller Neid,
zwanzigtausend zermartern ihre Leiber,
zwanzigtausend lassen ihr Leben dafür
...
Zu welchem Zweck?
Großer Gott im Himmel!
Strahlender Glanz – Ursprung im Majestätischen
Alle Dinge der Welt, doch ohne mich
Wo ist das Kostbare zu finden?
Alle Menschen dieser Welt, doch ich bin nicht dabei
Wer spricht über jene Zeiten, die nur selten kommen?
Dschingis Khan – Großer Herrscher,
komme heute Abend auf uns herab

星系

那个身材中等的男人，
窄窄的肩膀，
有个微红的鼻尖，
看到女人和美酒乐不可支，
算术还不赖，
精明的邻居占不了便宜。
就这样一个人，
你以为是整个星系

Galaxien

Dieser Mann von mittlerer Größe
mit seinen schmalen Schultern,
die Nasenspitze ein klein wenig Rot
betrachtet gern schöne Frauen
    und erfreut sehr sich an gutem Wein
Er ist ein unermüdlich kühler Rechner
Selbst die schlausten Nachbarn
    können ihm keinen Vorteil abringen
Von solcher Art ist dieser Mensch
Und du glaubtest gar, er verkörpere das ganze Universum

乱

我很想要突破，
那些所有的陈腐、框架、规则、和定势；
那些温暖、悲情、爱恋、愤怒、和欢乐。
摇曳的灯苗，总闪烁着凄惨的影子；
伦勃朗的画旁，鲜艳的红唇；
从很远很远的地方来的光线，
勾勒出丰满的女性的裸体；
我和我的孩子
这好像是，全部的世界。

我的悲哀和忧郁，
由于写作的缘故，
变成了一个哲学问题。
我没有了，
只是一个巨大的问号，
悬在空中。

Chaos

Ich will den Durchbruch
All diese Regeln, Bedingungen und Vorschriften,
    dieses Abgestandene;
all diese heiße Liebe und diese Zärtlichkeit,
    diese Trauer und Freude, dieser Zorn
Ein kleines zittriges Licht wirft einen kläglichen Schatten,
frische rote Lippen an den Rändern eines Rembrandtbildes,
ein Lichtstrahl aus weiter, weiter Ferne,
die Konturen einer nackten Frau voller Sinnlichkeit
Mein Kind und ich,
das ist gleichsam die ganze Welt

Meine Trauer bedrückt mich,
daher ist es meine Bestimmung, alles niederzuschreiben,
bis schließlich ein philosophisches Problem daraus wird
Doch ich habe kein solches Problem,
nur eine gewaltige Frage,
die hoch oben im leeren Raum schwebt

英雄

英雄总是为人死生而来，会过日子的，不会是英雄。过日子，也不需要英雄。

Helden

Helden gehen für andere Menschen in den Tod, die einfach
nur leben wollen, sind keine Helden. Seine Tage bloß verstrei-
chen lassen, das braucht keinen Heldenmut

你的缘故

因为你的缘故，
我厌弃了人生，
灰头土脸，慢慢挨这时光。

Der Grund bist du

Du bist der Grund dafür,
dass ich das Leben verschmähe
Ich streue Asche auf mein Haupt
       und ertrage das Verstreichen der Zeit

愚蠢

我感到比他优越，是因为我比他努力。

Dummheit

Ich fühle, dass ich ihm überlegen bin
Das ist einfach so, weil ich fleißiger bin als er

爱情与白骨

世间万紫千红，我独爱你那一种。
我是你的花朵，不管有多少伤害，
我总在你回眸的时刻，
粲然盛开。

你可以蔑视我，欺骗我，抛弃我；
我恨你，远离你，躲避你；
却无法与你分离。

世界为了证明
你的魔力，你的残酷，和你的美丽
而存在，
爱情和白骨，难分彼此。

Liebe und bleiche Knochen

Mitten in der Welt der Tausend Farben von Purpur bis Rot,
    doch berauscht bin ich allein von dir
Ich erblühe nur für dich, egal wie sehr ich dafür leiden muss
In jedem Augenaufschlag bin da für dich –
offen und leuchtend

Du kannst mich verachten, mit mir dein Spiel treiben,
    mich verlassen
Ich kann dich hassen, fern von dir stehen und dich meiden
Doch es ist unmöglich, von dir getrennt zu sein

Die Welt selbst kann es bezeugen
Sie ist vorhanden: deine Anziehungskraft, deine Grausamkeit
    und deine Schönheit!
Bleiche Knochen und Liebe:
am Ende schwer zu trennen, zu wem sie einst gehörten

飞翔

我想要飞翔，
即使没有翅膀，
给我一个翅膀的梦想。

我想要飞翔，
即使不再重逢爱情，
给我一个对爱情的渴望。

Hoch hinauf in die Lüfte

Aufsteigen in die Lüfte will ich
Selbst wenn die Flügel fehlen,
lass mich doch träumen, welche zu besitzen

Aufsteigen in die Lüfte will ich
Selbst wenn ich dort keine Liebe finde,
so lass mich doch nach ihr dürsten

城门开

北岛以一种平静平淡的笔调，表现出了文化大革命的疯狂，残酷，和混乱。让人置身其中，又能第三者眼光审视历史的真实感和抽离感奇妙的混合在一起，形成一种独特的视角，深深触动我！反思自己的状态，跟文革时红卫兵的情况非常一致，那就是现在看来非常幼稚和愚蠢的行为，当时他们那么的诚心诚意！诚心诚意的觉得造反有理，自以为替天行道的去迫害他人，真诚的和家里人划清界线！

而我现在的状态是：诚心诚意认为应该为了工作牺牲一切！加班光荣！加班神圣！应该牺牲陪小孩的时间，牺牲看病时间，牺牲做爱时间！不要家庭，不要理想，不要身体！要成为精英, 要"stretch 自己"。

我是在美资企业工作的红卫兵。

Das Tor zur Stadt öffnet sich

Dieser Roman von Bei Dao ist in einer ruhigen und nüchternen Sprache verfasst. Ein Buch über die Grausamkeiten, die Exzesse und das Chaos der Kulturrevolution. Ein Werk, das die Menschen auffordert, Position zu beziehen und gleichzeitig aus einer dritten Sichtweise die authentischen ebenso wie die verzerrten Gefühlsvorgänge der historischen Ereignisse zusammenführt und dadurch einen besonderen Zugang ermöglicht. Das hat mich sehr berührt und ich musste lange über mich selbst nachdenken. Mir geht es heute wie den Roten Garden damals.

Aus jetziger Sicht waren diese jungen Leute natürlich völlig naiv und haben sich sehr dumm verhalten. Aber damals waren sie von ganzem Herzen und mit ihrer Seele dabei. „Rebellion ist gerechtfertigt" war ihr innerstes Fühlen.

Sie glaubten tatsächlich, im Namen einer Großen Gerechtigkeit andere Menschen verletzen zu dürfen. Bis in die Familien hinein zogen sich scharfe Trennlinien.

Wie sieht es heute bei mir aus: Das Herz und die Seele ganz in Arbeit und Beruf legen und dafür jedes Opfer bringen! Jede Überstunde mehrt den Ruhm, jede Zusatzleistung eine heilige Tat. Verschwendet keine Zeit mit euren Kindern. Verzichtet auf Arztbesuche. Schluss mit der Zeit- und Energievergeudung durch Sex. Verzichtet am besten ganz auf Familie und Ideale. Opfert eure Gesundheit freiwillig. Wachst über euch hinaus und zeigt höchsten, heldenhaften Einsatz.

Ich bin ein Rotgardist, bezahlt in Dollar und beschäftigt bei einer amerikanischen Firma.

我有一些话只能对他说

我看着你的眼睛，
很明亮
充满期待
我知道你想听到点什么
但我只能沉默
有些话
我只能对他说
"你真傻"你说
"是的，我知道。"
暮色很薄
空气中有茉莉的香味
"那微笑吧"
你说
"You deserve happiness!"

Das ist etwas, das ich nur ihm sagen kann

Ich schaue in deine Augen,
so hell und leuchtend,
erfüllt von Sehnsucht und Verlangen
Ich weiß, was du hören möchtest,
aber ich kann nur schweigen
Es gibt Worte,
die ich nur dir sagen kann
„Du bist wirklich blöd", meintest du
„Ja, und ich weiß es"
Flau ist die Welt in der Abenddämmerung
Der Duft einer Jasminblüte liegt in der Luft
„Dieses sanfte Lächeln"
Und du sprachst:
„You deserve happiness!"

我的生活，不值得记述

第一则 捡南瓜的老人

　　一个花白头发的老人，贪婪的在一群南瓜中翻找着。我不忍心看他的脸，光看侧影就贪婪的令人心酸。

　　这些南瓜是这个游乐场万圣节之后要处理掉废物，因此告示游人可以随便拿走，并说明这些南瓜只能做为装饰而不能吃。而这个上了岁数，破衣烂衫的人，该不会对"装饰"有多么大的热情。

　　那为什么要这么拼命呢？他多半不知道这些南瓜是不能吃的。他捡回家去，又洗又切又煮之后才发现不能吃，只好长叹一声把它们扔掉。

　　白多出那么多的事！为了一个你并不需要的东西。

　　这个世上，有多少人，象这老人。

第二则 捡垃圾的老人

　　一个老人坐在地铁站台上，旁边散落着一地的塑料瓶，报纸，和各种杂物。他分门别类的将这些物品归类，装到不同的袋子里，任人来人去，地铁进站出站的长啸，他只专注于他的分类工作，就像在家里。

　　偶然匆匆的行人诧异的看他一眼，估计想地铁的管理员怎么能让他这样肆意妄为？投以蔑视的目光之后，又匆匆行自己的路，紧张的挤自己的车。

Mein Leben ist nicht wert erzählt zu werden

[Gleichnisse mögen verdeutlichen, was ich sagen will]
Das erste: Der Kürbisse sammelnde alte Mann.
Ein weißhaariger Greis hat es auf die letzten Kürbisse abgesehen, die auf einem Haufen liegen. Begierig wendet er einen jeden um, ob er noch brauchbar ist. Dieser Anblick von Verlangen lässt Bitterheit aufkommen. Die Kürbisse sind übriggeblieben von letzten Halloween. Es ist bekannt, dass jeder sie sich holen kann. Ohnehin handelt es sich um Zierkürbisse, die zum Verzehr gar nicht geeignet sind. Doch dieser betagte Alte in seiner verschlissenen Kleidung hat gar keinen Sinn für Kürbisschmuck. Warum müht er sich dann so ab? Er weiß schlicht nicht, dass man diese Früchte nicht essen kann. So schleppt er sie nach Hause, säubert und kocht sie. Aber nach dem ersten Bissen ist ihm klar: Zierkürbisse schmecken nicht gut. Unter Seufzen hat er sie hinterher alle weggeworfen. So ein nutzloses Unterfangen. Und alles nur für Dinge, die man überhaupt nicht braucht. Wie viele Leute auf der Welt sind gleich diesem alten Mann.

Das zweite Gleichnis: Der Abfall sammelnde Greis.
Auf einer Bank in der U-Bahnstation sitzt ein alter Mann. Neben sich akkurate Stapel von alten Zeitungen, leeren Plastikflaschen und anderem Abfall. Sorgfältig teilt er den Müll und sortiert ihn in verschiedene Säcke. Alle möglichen Leute drängen durch die Ein- und Ausgänge an ihm vorbei, aber er geht seiner Arbeit nach, als wäre er ganz allein in der Stille seiner Behausung.
Manch einer der Vorbeigehenden wirft ihm einen verwunderten Blick zu. Und fragt sich wohl, warum das Stationspersonal ihn frei gewähren lässt. Ein kurzer verächtlicher Blick und weiter gehen sie hektisch ihrer Wege. Hinein in die U-Bahn und wieder fort.

蔑视的有理。一个靠拾荒度日的老头，在万众出没之处铺摊子，接受万众目光洗礼而毫无知觉，想来是面子和羞耻感早就没有了。

而且，那么专注的计数的东西，卖给废品站，可能还不够买一份汉堡。

他人蔑视的目光，刺到我心里。我不比那个老头好多少，每天跑着别人的龙套，计算算计微薄的小钱，同样的身家性命都赌上的认真严肃！

Diese Geringschätzung hat ihren Grund. Ein Greis, der seine Tage mit dem Sammeln von Abfall verbringt, ist in ihren Augen dieser Menschen jemand ohne Stand und Ansehen. Einer, der die strafenden Blicke der Massen hinnimmt mit unsäglichem Gleichmut, gilt als einer, dem es an Schamgefühl mangelt, einer ohne Gesicht.

Und außerdem, [was alle wissen]:
Von seiner ganzen Abfallsammelei kann er sich am Ende des Tages noch nicht einmal einen Hamburger leisten.

Die Verachtung der anderen ist ein Schmerz in meinem Herzen. Ich fühle mich nicht besser als dieser alte Mann, spiele ich doch selbst Tag um Tag nichts anderes als eine klägliche Statistenrolle. Für kleinste Zugewinne prostituiere ich mich und stelle dabei noch Ernsthaftigkeit zur Schau.

悲哀

如果你现在没有院子，
那你一生不必思考建造。

如果你现在还在跑龙套，
你不会跑出一个伟岸的灵魂。

面具带久了，就摘不下来。
那就选一个堂皇的。

无论求什么，这一生都不会圆满，
索性就求你自己喜欢的。

Trauer

Wenn jetzt noch kein Haus mit Grundstück dein eigen ist,
so brauchst du in diesem Leben
gar nicht weiter daran zu denken

Wenn du heute noch immer kleine Nebenrollen spielst,
dann wird aus dir kein großer Geist mehr
auf der Promenade der Berühmtheiten

Solange habe ich meine Maske getragen, dass ich sie
nun nicht mehr abnehmen kann,
Was mir bleibt ist bloß, eine schönere zu wählen

Was ich auch erstrebe,
in diesem Dasein werde ich es nicht bekommen
Heute verlangt meine wahre Veranlagung von mir nur,
was mich wirklich erfreut

你会去北海道看海吗？

你会去北海道看海吗？
在那个天空和海水一样蓝的地方，
你是否还需要放飞自己的想象？

你会去北海道看海吗？
在那个沙滩和姑娘一样幼滑的地方，
你是否还期待着一个鲜艳的邂逅？

你会去北海道看海吗？
在那个无论怎样心情都会愉快的地方，
还需要那些记忆的碎片芬芳你的心房吗？

Gehst du nach Hokkaido um das Meer zu sehen?

Gehst du nach Hokkaido um das Meer zu sehen?
An diesen Ort,
    wo der Himmel und das Meer von einer Farbe sind
Willst du wirklich
    allen deinen Wünschen und Ideen Flügel verleihen?

Gehst du nach Hokkaido, um das Meer zu sehen?
Dort wo die jungen Frauen
    so aalglatt und so listig sind
    wie der Sandstrand glatt und schlüpfrig
Glaubst du etwa,
    dass dir dort etwas Reizvolleres über den Weg läuft?

Gehst du nach Hokkaido um das Meer zu sehen?
In diese Stadt, wo alles schön ist,
    egal wie deine Stimmung auch sein mag
Brauchst du Sie noch, die Bruchstücke
    lockender Erinnerungen im Vorhof deines Herzens?

七天

七天，
那么悲伤的七天，
余华的《七天》，
让所有的悲伤变得具象

我希望那一切都不是真的，
毫无疑问那是太过悲观，
而且说实话那还不是最悲惨的事情，
每个人都有爱情，
拥有爱情的人怎么都不是最惨。

这一点余华为什么没有看透？
他为什么不来看看我的生活？
一个没有希望也没有绝望的人，
不需要去卖肾，
因为没有为我跳楼的人。

你或许说这纯粹是女人的视角，
没错，余华的《七天》，
象一本女人写的书，
一件过于沉重阴暗的外衣，
裹不住骨子里的理想主义。

Sieben Tage

Sieben Tage
Sieben Tage voller Trauer
Yu Huas „Die sieben letzten Tage"
drückt alles Leiden so deutlich aus

Ich hoffe, dass dies alles gar nicht wahr ist
Ohne Zweifel ist das hoffnungsloser Pessimismus,
aber in Wirklichkeit ist es doch gar nicht so schlimm
Jeder Mensch hegt seine Liebe
Wie könnten die Liebenden
    nicht die am meisten Leidenden sein!

Wieso hat Yu Hua diese Sinnlosigkeit nicht schon längst
durchschaut?
Warum kommt er nicht und betrachtet einmal mein Leben?
Das Leben eines Menschen ohne Hoffnung,
    aber auch ohne Verzweiflung
Ich muss meine inneren Organe nicht verkaufen,
weil sich wegen mir niemand aus dem Fenster stürzt

Vielleicht sagst du auch:
    das sind Bruckstücke einer weiblichen Weltsicht
Das ist nicht falsch. Yu Huas „Sieben Tage" ist,
wie sonst Romane aus der Feder von Frauen,
ein Mantel aus verträumter weiblicher Schwermut,
der das Skelett des Idealismus nicht zu umhüllen vermag

想象

你是我许多个清晨的想象，
和你在一起，
我不惧怕，
因为我懂得如何告别。
你是我的爱，
我们的关系，
那么纯粹，
我们是那么的相爱。
在每一个时刻，
不管我们是否相拥，
我都能感到，
你眼睛里明亮的热切。

In meiner Vorstellung

In so vielen Stunden des Morgengrauens
    erblüht die Vorstellung
mit dir zusammen zu sein
Frei von Furcht,
weil ich weiß, um die Kunst des Abschiednehmens
Du bist meine große Liebe
Unsere Verbindung
stets rein und klar
Unsere Gefühle sind gegenseitig
In jedem Augenblick,
ob wir einander nun umarmen oder nicht,
ich spüre stets,
das Lodern ebenso wie die Klarheit in deinen Augen

给我的爱

你是上帝给我的补偿，
在给我那么多的破碎之后；
你是上帝给我的慰籍，
在给我那么多的伤痕之后；
你是光，
在废墟里盛开的花朵，
灾难和坍塌，
只是突显你娇艳的背景。

Die Liebe, die ich empfing

Du bist ein Extrageschenk, das der liebe Gott mir überreichte
Nach so vielen Enttäuschungen,
eine Gabe, um mich zu trösten
Nach so vielen Narben in meiner Seele,
ist es allein deine Ausstrahlung,
gleich einer blühenden Blume auf einer Ruinenstätte
Inmitten von Unheil und Zerfall,
erschienen plötzlich Schönheit uns Eleganz

假装

我的眼前，老晃动着，
你的眼睛。
我们双眸对视的霎那，
我的心，
又会跳了。

我知道一粒种子发芽了，
我知道一件事情发生了，
尽管，
没有人觉察到我的改变，
甚至我自己都相信，
什么都没发生。

我假装你不察觉，
我假装我们是其它的关系。
一切的一切，
因为，
我没有一个丰满的怀抱，
去承载你年青的真情。

Etwas vortäuschen

Vor mir geriet plötzlich alles ins Wanken
Es waren deine Augen,
wie sich unsere Pupillen trafen für einen winzigen Augenblick
Mein Herz,
schon hüpft und springt es wieder

Ich spürte es: Ein Same keimt auf
Und wusste: Etwas Gewaltiges hat sich ereignet
Und das obwohl,
niemand meine Veränderung bemerkte
Und ich mich sogar selbst davon überzeugen musste,
dass rein gar nichts geschehen war

Ich tat so, als ob du es nicht wahrnimmst
Ich gab vor, unsere Beziehung sei ganz anderer Art
So ist es alles in allem
Warum nur?
Mit meinen Armen konnte ich sie nicht umfassen,
vermochte sie nicht tragen, deine junge, aufrichtige Liebe

有期限的爱情

人们都希望爱能天长地久，
而我期望一个有期限的爱情，
在这个期限内，
我可以允许自己，
去想你，去爱你，去对你好，
去握你的手，
去亲吻你。

Liebe auf Zeit

Alle hoffen wir auf unendliche Tage voller Liebe,
aber ich ersehne eine Liebe auf Zeit
Und in dieser Zeit
erlaube ich es mir anzunehmen, was mein Herz verlangt:
Weiter an dich denken, dich weiter zu lieben,
        weiter gut zu dir zu sein
Deine Hand halten
Einfach zu dir gehen, um dich zu küssen

爱情

灰色的天空、车流、水泥森林，
灰色的城市！
你需要亲吻
含情脉脉的对视，紧紧的拥抱，
是啊，
你需要爱情！

爱情，
它不眠不休地飞翔，
带领生命，
到人们不能想象的地方。
它赶跑所有的犹疑和恐惧，
解除平凡灰色的封印，
留下勇气，
像草地上
雨水洗过的金币，
在阳光下闪闪发光。

Liebe

Ein grauer Himmel, Ströme von Verkehr, ein Wald aus Beton
Die grauen Farben einer Stadt
Du brauchst einen zärtlichen Kuss,
eine liebevolle Betrachtung und innige Umarmung.
Ja, so ist es,
du brauchst Liebe!

Liebe
Sie erhebt sich ohne je zu ruhen und zu schlafen
und führt uns durch das Leben zu Orten,
die sich die Menschen noch nicht einmal vorstellen können,
sie duldet weder Zögern noch Furcht
und entfernt alles Dunkle und Versiegelte
Liebe verleiht Mut,
gleich den Gräsern, die aus der Erde sprießen
und die nach jedem Regen im Sonnenschein funkeln
wie Goldmünzen nach einem Wasserbad

歌声

我睡在月亮上，
你的歌声把我浮起来，
没有一点声音，
或许有风吹过，
我垂下眼睑。

Gesang

Ich ruhe im Glanz des Mondlichts
Es ist der Klang deines Liedes, der mich zu sich kommen lässt
Doch das ist keine Stimme, die hier ertönt
Vielleicht hatte der Wind etwas hergeweht
Ich senke mein Haupt und meine Lider

告别

打开所有的灯，
黑色夜幕，
唤来绚丽霓虹。

不能留住你的前行，
就来一个金碧辉煌的告别。
你立在扶梯上，
荷花，一瓣一瓣，
静静落下。

我，脸红了。

(晚点在南京南站)

Abschied

Alle Lampen erstrahlen in hellem Licht
Der dunkle Abendhimmel
hat prächtigen Neonglanz herbeigerufen

Ich will dein Fortschreiten nicht aufhalten
Es soll ein Abschied in leuchtenden Farben sein
Du stehst gestützt auf ein Treppengeländer
und die Blätter der des Lotus
fallen eins ums andere still zur Erde hinab

Und ich stehe da mit errötenden Wangen

(An einem Abend im Nanjinger Südbahnhof)

随想

用光,
我们知道恒星的种类;
用颜色, 我们知道星星,
是靠近还是远离。
追随着你行走,
迷醉你的颜色与形状,
但我依旧迷惑,
你是什么星?
你想靠近, 还是远离?

Dem Strom der Gedanken folgend

Durch die Art ihrer Lichtstrahlung
erkennen wir die Fixsterne am Himmel
Ihre Farben verraten uns etwas über sie,
ob sie nah oder weit fern von uns sind
Ich folge deinen Wegen
verzaubert von Farbe und Form,
aber dennoch auf irregeleiteter Fährte
Was für ein Stern bist du?
Suchst du die Nähe oder strebst du nach weiter Ferne?

难民 （一）

在很小的时候，
失去了你的怀抱，
我因此失去了童年，
一个巨大的空洞，
让我终生感觉恐惧和匮乏。
我从此开始寻找，
寻找一种温柔，
一种忠诚， 一个永远不会坍塌的依靠。
不论我多么讨厌，
你都不会离开，
无论我怎样，
你都把我呵护在胸口。
是的，你的离开是一个印记，
我从此不敢懒惰，不敢依靠，
不敢信赖，不敢成为自己。
我从此成为难民。

Ein Flüchtling (I)

Als ich noch ganz klein war,
verlor ich deine umarmende Fürsorge
Auf diese Weise verschwand meine Kindheit,
ein riesiges Loch blieb
und lässt mich bis heute Furcht und Mangel empfinden
Seit dieser Zeit bin ich auf der Suche
Was ich suche, ist wärmende Nähe und Treue,
eine bleibende Stütze, die niemals zerbrechen wird.
Egal wie abscheulich ich mich auch verhalte,
du wolltest mich niemals verlassen,
Wie immer ich mich auch verhielt,
stets war da ein hegender Schutz in deinem Herzen
So ist es. Dein schließliches Fortgehen aber war ein Zeichen
Seither erlaube ich mir keine Trägheit mehr und wage nicht,
    mich auf irgendetwas etwas wirklich zu verlassen
Ich schenke kein Vertrauen mehr, noch nicht einmal mir selbst
Seither bin ich Flüchtling

难民 （二）

我一生都在寻找，
一种永远不会枯竭的温柔，
一种永远不会停止的绝对的爱恋，
不论
我多么讨厌，多么无知，多么丑陋，
你都不会离开，不会厌弃，不会远走；
无论
我怎样不可理喻，怎样疯狂，怎样背叛，你都
会把我呵护在你的胸口。

永远不会愈合的伤口，
永远走不出的阴影，
如影随形的恐惧，
我是难民。

无尽的溺爱和纵容是虚幻的救赎，
可怜的童年，
我因此一生凄苦，内心空洞丛生。
我因此成为终生的难民，
不敢在阳光下露出真实的脸.

Ein Flüchtling (II)

Mein ganzes Leben war ich auf der Suche
nach einer niemals schwindenden Zärtlichkeit,
nach einer einer nicht aufhörenden, bedingungslosen Liebe
Ganz egal,
wie widerlich ich war, wie unvernünftig und hässlich,
niemals hast du mich verlassen, hast Abscheu gezeigt oder
dich von mir entfernt;
ganz egal,
wie unzugänglich ich war, wie verrückt oder aufsässig,
stets war da ein hegender Schutz in deinem Herzen.

Eine niemals verheilende Wunde,
ein nicht weichender Schatten,
wie einer, der dem Ausdruck der Furcht folgt
Ich bin ein Flüchtling

Die Erlösung von nicht endender Nachsicht und Verzärtelung,
die so bedauernswerten Jahre der Kindheit
Deshalb dieses Leben voller Traurigkeit,
        diese erdrückende Leere im Herzen
So wurde ich zum Flüchtling für ein ganzes Leben,
und wage es nicht,
        im Licht der Sonne mein wahres Gesicht zu zeigen

风

风总是从很远的地方吹来
像蛰伏的记忆
不论埋藏的多么深
总会在某个时刻
苏醒
让你猝不及防
热泪盈眶

Wind

Wind bläst stets aus weiter Ferne kommend,
gleich Erinnerungen, die lange still ruhten
Egal, wie tief sie auch vergraben waren,
zu einer bestimmten Zeit
kommt das Erwachen
Und ganz unvermittelt
rinnen warme Freudentränen über die Wangen

门

有些门，
永远不会为你打开；
有些期待，
最终枯萎成尘埃。
你在，或者离开；
花谢，或者花开。

Tore

Es gibt Tore,
die sich für dich niemals öffnen werden
Manche Wünsche
verdorren am Ende und werden zu Staub
Du aber bleibst unter meiner Haut,
ob die Blüten fallen oder die Knospen erblühen

生命

冷雨里
握车把冻僵的手
在人群里取暖
气味复杂
汉堡薯条和可乐
在响亮的咀嚼声中消逝
享受粗鄙的快乐
可以流泪
在这个生机勃勃的清晨
再一次看到街角的乞丐
还有那个弹吉他的人和他的歌声
应该感恩
尽管欢乐颂的调子永远在远方
但我们的双脚，再一次踏在这坚实的土地

Leben

In einem kalten Regenschauer
Mit kälteklammen Fingern das Rad umgreifend
und dabei die Wärme einer Menschenmenge aufnehmend
Ziemlich vermischte Gerüche
Hamburger, Fritten und Kola
verschwinden begleitet von lauten Kaugeräusche
Wieder einmal ganz gewöhnlichen Genüssen frönen
Es ist zum Weinen
an diesem Morgen voller Lebenskraft
Wieder fiel mein Blick auf den Bettler in der Straßenecke
Wieder dieser Mann mit der Gitarre und seinem Gesang
Ich sollte dankbar sein
Gleichwohl die Töne von Freudenliedern
     in weiter Ferne erklingen,
stehe ich doch mit meinen beiden Füßen
     fest auf diesem Flecken Erde hier

路灯

你那么努力的伸向天空，
那么优美，
像，
天鹅的颈项，
生命中的那些花儿，
那些为我们守候的眼睛

Die Straßenlaterne

So entschlossen streckst du dich nach oben in den Raum,
so schön bist du
Gleich
dem langen Hals eines Schwans
Viele wunderbare Dinge gibt es in unserem Leben,
die nur darauf warten,
     von unseren Augen gesehen zu werden

寂寞

我以为，
因为有你，
我的生命不再是寂寞的；
我以为，
因为爱情，
我们的衰老是温暖的
在梦中我们紧紧相拥
在白天疏远的如同路人

Einsamkeit

Ich glaubte,
dass wegen dir
mein Leben nicht einsam sei
Ich glaubte,
dass die Liebe
uns sanft altern lasse werde
In meinem Traum waren wir einander so unendlich nahe,
doch im Alltag sind wir wir uns ganz fremd geworden

当下

每一天
我们都重新降生在这世界
没有从前
只有以后
空气中充满桂花的香味
食物丰饶

In jedem Augenblick

An einem jeden Tag
werden wir neu in diese Welt hineingeboren
Es gibt kein früher,
nur ein ein Kommendes
Die Luft ist erfüllt vom Duft des Osmanthus
und Nahrung ist im Überfluss vorhanden

菩提

他知道怎么开始
也知道怎么结束
自信与坚定
天真的孩子
海棠与腊梅的香味
时光魔幻的影子
总是，
停留或放逐
这里或那里。

Erleuchtung

Er weiß um den Anfang,
und er weiß auch um das Ende
Zuversicht und Entschlossenheit
Ein argloses und unschuldiges Kind
Der Duft der Zierquitte und die Blüten der Winterkirsche
Der Schatten des Dämons der verstreichenden Zeit
Immer (geht es um)
Bleiben oder die Verbannung suchen,
hier oder dort